35歳からのリアル

人生戦略会議

WAVE出版

35歳からのリアル

はじめに

35歳からは人生でもっとも不安定な時期です。

こう書くと「そんなことはない。順風満帆、毎日が充実している」と反論される方も、きっといらっしゃることでしょう。それでも不安定なことにかわりはないのです。

不安定だというのは、つねに動き続けている、という意味での不安定です。あるいは、動き続けた結果、どこにたどり着くのかが見えていない、という意味での不安定です。

これならわかっていただけますか。

では、私たちはなんのために動き続けているのでしょうか？　35歳はどのような意味において、動き続ける時期なのでしょうか？

ひとつはもちろん仕事です。仕事が忙しいからです。30代ともなれば部下のひとりやふたり、いてもおかしくないでしょう。あるいはすでに中間管理職としてセクションをまかされている人もいるかもしれません。多忙さと責任の大きさは20代の比ではありません。では、このまま努力を続けていけば、安定した40代、安心できる50代、円熟の60代を迎えることができるのでしょうか。残念ながら、そんな保証はどこにもありません。だから不安になる。そして不安を打ち消すためにガムシャラに働く。その繰り返しです。

動き続けるのは仕事でだけではありません。30代はプライベートでも激動の時期です。多くの人が30歳前後で結婚をします。やがて子どもが誕生するでしょう。人生を、自分のためだけのものから家族のためのものへと、大きく方向転換しなければなりません。住まいはどうするのか。決断を迫られるのも35歳あたりではないでしょうか。

こうして見ると、不安定だからといって、決して不幸ではないことがわかるはずです。あるいは、不安定は自由の裏返しだということもできるでしょう。だからこそ、不安定ながらも順風満帆、毎日が充実していると感じる人がいるのです。

どうすればこの不安定な時期を乗り越えることができるのでしょうか。

キーワードは「選択」です。

選択といっても、部下からAかBかの判断を請われるというような、単純な二者択一の選択ばかりではありません。仕事を選ぶのか家庭をとるのかといった、そう簡単には答えが出せないような選択もあるでしょう。AからZまでの26の選択肢の中からひとつだけを選ぶという無理難題もあるかもしれません。画期的な必勝法も絶対的な処方箋もありません。一つひとつのイベントや課題に対して、真っ直ぐに向き合い、答えを出すだけです。

ポイントをひとつ。なにかを選択するということは、反対側から見れば、もう一方を（あるいは残りのすべてを）切り捨てることだということです。自分にはなにができて、なにができないのかを明確にするのです。なにをあきらめ、捨てるのか。なにを目指し、手に入れるのか。そして選んだ結果には責任を持つ。これが30代の生き方です。

30代の中心そして曲がり角である35歳は、人生でもっとも不安定な時期です。

そして、人生でもっともおもしろい時期でもあるはずです。

CHAPTER

1

仕事

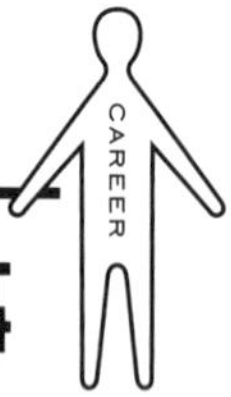

CHAPTER

2

家庭

CHAPTER

3 生活

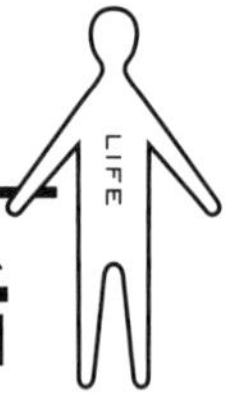

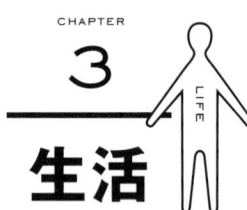

CHAPTER

4 お金①

MONEY

CHAPTER

5

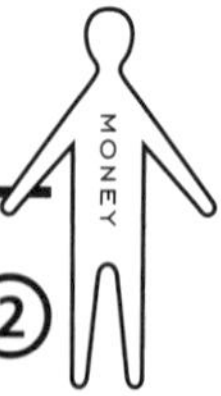

お金②

CHAPTER

6 活力

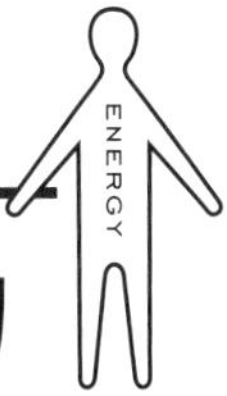

CHAPTER

7

選択

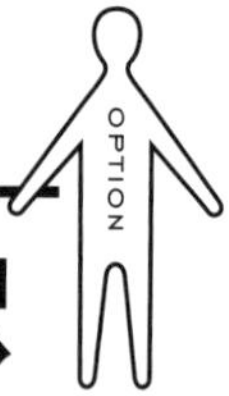

［ブックデザイン］水戸部功
［本文DTP］ワイズ
［文］池田武史
伊達直太
［図版作成・編集協力］山崎潤子

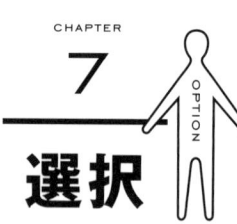

CHAPTER

1

仕事

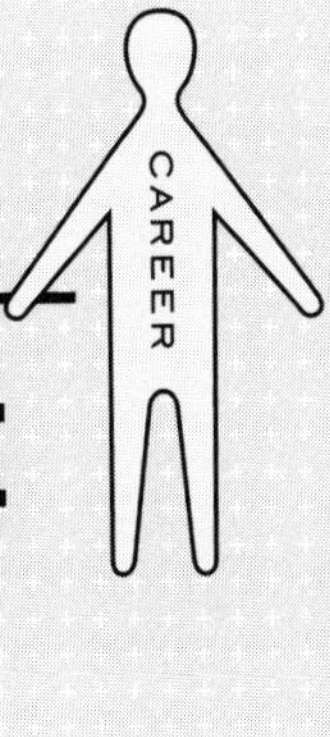

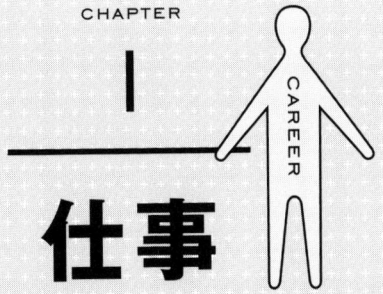

私たちはいったいなんのために働くのでしょうか？

あまりにも唐突で漠然としすぎていて、答えに困ってしまいますか？

それ以前に、「どうでもいいこと」ですか？

それでは質問をかえてみましょう。

あなたはなぜ働くのですか？

これもまた「どうでもいいこと」でしょうか。

たしかに、仕事の真っただ中にいて、毎日が忙しく過ぎ去っているみなさんにとっては、「なんのために？」も「なぜ？」も、いま、とりたてて考える必要のない問いかけかもしれません。あるいは、すっかり仕事に慣れてしまい、さしたる努力も苦労もせずに日々を送れているみなさんにとっては、ただめんどうくさいだけの質問でしょう。

でも、だからこそ、です。

いま、全力で突っ走っているその道がどこにつながっているのか、確認しなくていいのでしょうか。ゴールに向かって真っ直ぐに歩いているつもりが、じつは同じ場所をグルグルと回っているだけかもしれません。それは、いったん足を止めて、自分自身を離れたところから眺めてみなければ、決して見えないことです。

ここで、ほんの一瞬でいいですから、立ち止まり、そして考えてみてください。

私たちはなぜ働くのか、これからどうやって働いていけばいいのか、を。

30～34歳男性の年収分布

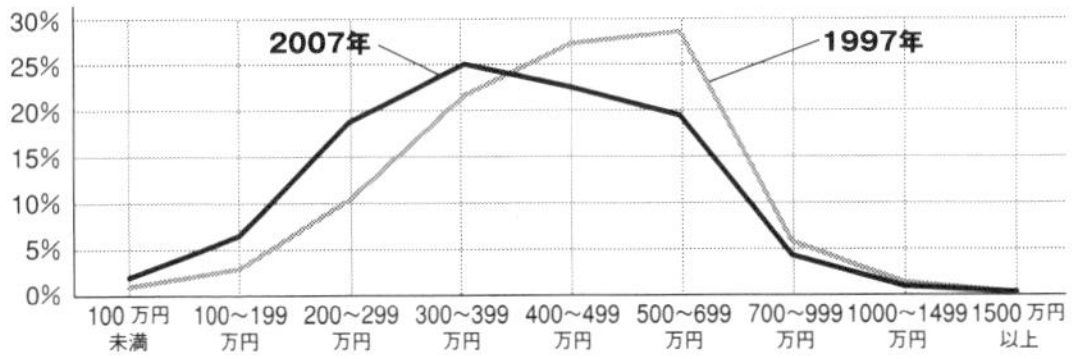

総務省「就業構造基本調査」より作成

日本経済の後退と私たちの収入

どうやら日本経済は成長期を終え、停滞期を飛び越えて、すでに後退期に足を踏み入れているようです。それも10年以上も前から。

そのことを、経済成長率や日銀短観などの経済指標よりもずっと雄弁に、そして的確に物語っているのが私たちの収入です。いくつかデータを紹介しましょう。

まず、総務省の「就業構造基本調査」です。これをもとに30歳～34歳の男性の所得分布を、1997年と2007年の10年間で比較してみました。すると、大ざっぱに見て100万円～300万円ほど、所得が低い方にスライドしているのです。つまり、10年前の同年代に比べていまの私たちは、低収入の人が増え、高収入の人が減っているわけです。現場でじっさいに賃金の管理をしている経営者の視線は想像以上にシビアです。

次に、厚生労働省の「賃金構造基本統計調査」を見てみましょう（次頁上図）。大卒男性の賃金が年齢とともにどのように変化しているかです。1990年から2008年に向けて、賃金の上昇カーブは年を経るごとにフラットになっていきます。つまり伸び率が低下しているのです。たとえば、22歳のときの賃金を100としたときに、ピークを迎える50代の賃金は、1990年では約5・3倍にまで上昇しています。ところが2008年になると、ピーク時の賃金は20代前半の約3・8倍でしかありません。上昇率は急激に低下

男性標準労働者（大卒）の賃金カーブ

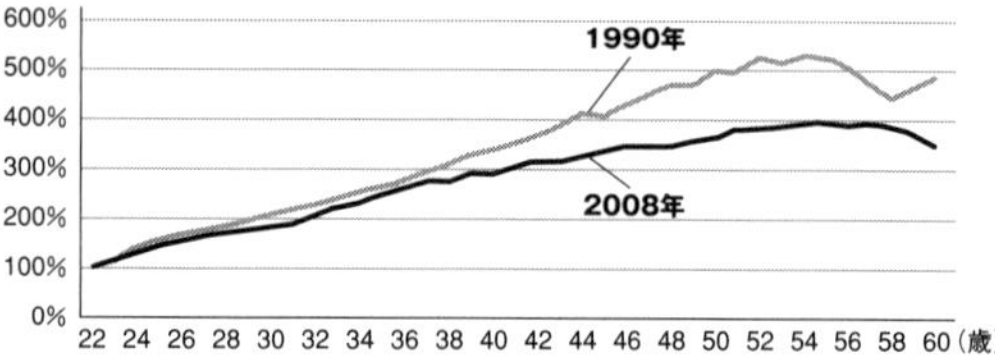

厚生労働省「労働経済白書」「賃金構造基本統計調査」をもとに作成

しているのです。

「景気は回復基調にある」などとのんきなことをいっていたのは、いったいどこのだれだったでしょうか。おそらく本人は国民の税金から多額の収入を得ていたのでしょう。

話が横にそれてしまいました。次のデータ（17頁）がラスボスです。

先ほどのふたつのデータが給与所得者個人のものであるのに対して、世帯全体の所得を示した「国民生活基礎調査」があります。たとえば奥さんのパート収入なども含まれるわけです。ある意味で、これから（あるいはもうすでに）家庭を築いていくみなさんにとっては、より現実味のある、生活感に富んだデータなのではないでしょうか。

これによると、世帯主が30代の世帯の平均所得は、１９９８年が約６０５万円だったのに対して10年後の２００８には約５４７万円に減少しています。すでに先ほどのふたつのデータを知っているみなさんにとって、この結果は想定内かもしれません。

また、週60時間以上働く人の割合は近年30代できわだって増えてます。ある意味もっとも仕事ができるときですが、自分の時間は持てず、年収があがらないのはつらいですね。

驚くべきは、ここから先です。

世帯主が40代の世帯の平均所得は、同じ10年間に約７６７万円から約７０２万円に減少しました。ただしこれは２００８年現在のデータです。私たちが40代になるのは10年後のこと。そのころにはいったいどうなっているのでしょうか。予測してみましょう。

週に60時間以上働く人、35時間未満働く人

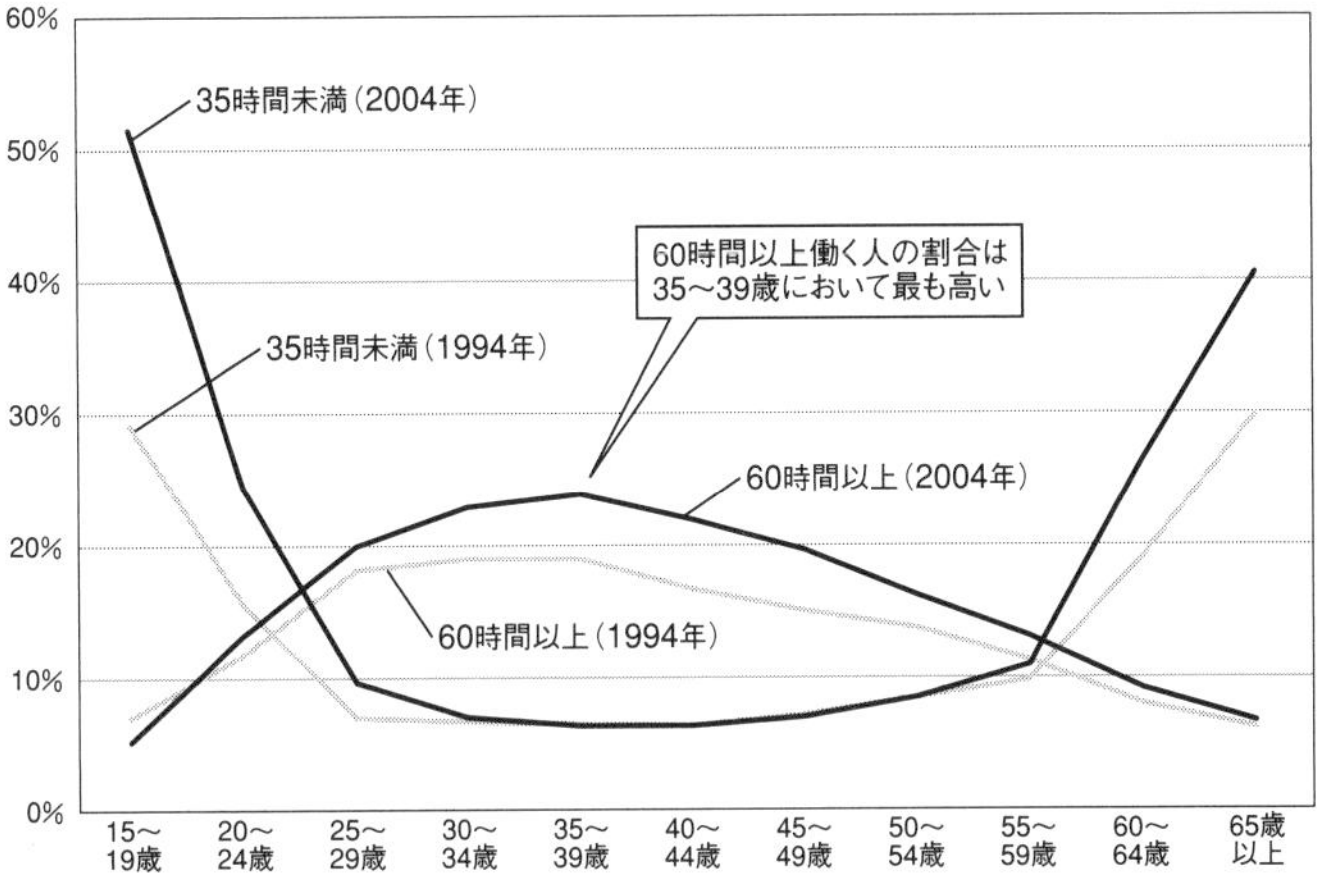

※男性の場合（休業者を除く従業員総数に占める割合）。
総務省「労働力調査」より作成

年齢階級別平日の行動時間と年収（男性）

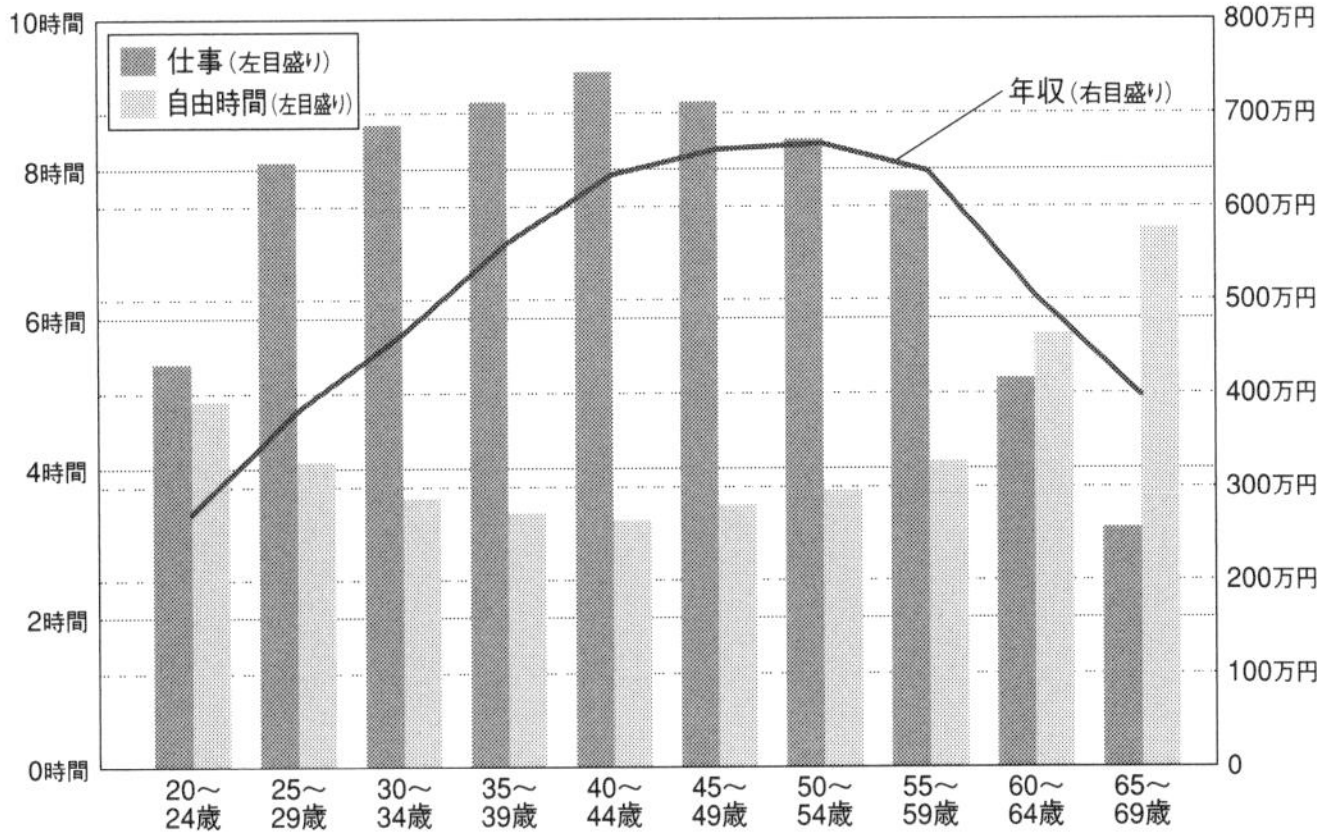

※自由時間……テレビや新聞、くつろぎ、学習、趣味、スポーツ、ボランティア活動、人づきあい等に費やした時間。
総務省「社会生活基本調査」(2006)、国税庁「民間給与実態統計調査」(2007)より作成

1998年から2008年までの10年間の増減率はおよそマイナス9・2％（ここではインフレ率は考慮していません）。2008年から10年後までの増減率がこれと同じですんだと仮定すると（もっと減少する可能性も十分にあるわけです）、2018年の世帯所得は642万円にしかなりません。

つまりこういうことです。30代の現在から一所懸命働いて10年後に40代を迎えたとき、私たちの世帯所得はわずか100万円しか増えていないのです。なんだか雲行きが怪しくなってきましたね。でも、まだ続きがあります。

世帯所得がピークを迎えるのは、一般的には世帯主が50代のときです。1998年には約875万円でした。これが10年後の2008年には約730万円に減少しています。増減率はじつにマイナス17％にもなります。では、私たちが50代を迎えるときにはいったいどうなっているでしょうか。これも増減率が変わらないですんだものとして試算してみます。すると、20年後の世帯所得は505万円。40代のときよりも少なくなってしまうのです。年功序列の崩壊と成果主義の浸透が進めば当然の結果といっていいでしょう。

数字がたくさん出たので、いったんまとめておきましょう。私たちの世帯収入は30代が547万円（平均）、40代が642万円（予測）、そして50代が505万円（予測）です。50代を迎えて収入が減少に転じるという、これまでの常識では絶対に考えられなかったことを、おそらくはじめて体験するのが私たちの世代だということになるのでしょう。

世帯主の年齢階級別所得の状況と未来予測

世帯主年齢		29歳以下	30〜39歳	40〜49歳	50〜59歳	60〜69歳	70歳以上
1世帯あたり平均所得金額	1998年	317.3万円	604.5万円	766.6万円	875.3万円	629.5万円	489.0万円
	2008年	317.6万円	546.7万円	701.7万円	730.3万円	542.5万円	396.6万円
	10年後（2018年）の予測	318万円（10年前比較100%）	494万円（10年前比較90%）	642万円（10年前比較92%）	609万円（10年前比較83%）	467万円（10年前比較86%）	321万円（10年前比較81%）
	20年後（2028年）の予測		447万円（20年前比較82%）	584万円（20年前比較83%）	505万円（20年前比較69%）	401万円（20年前比較74%）	

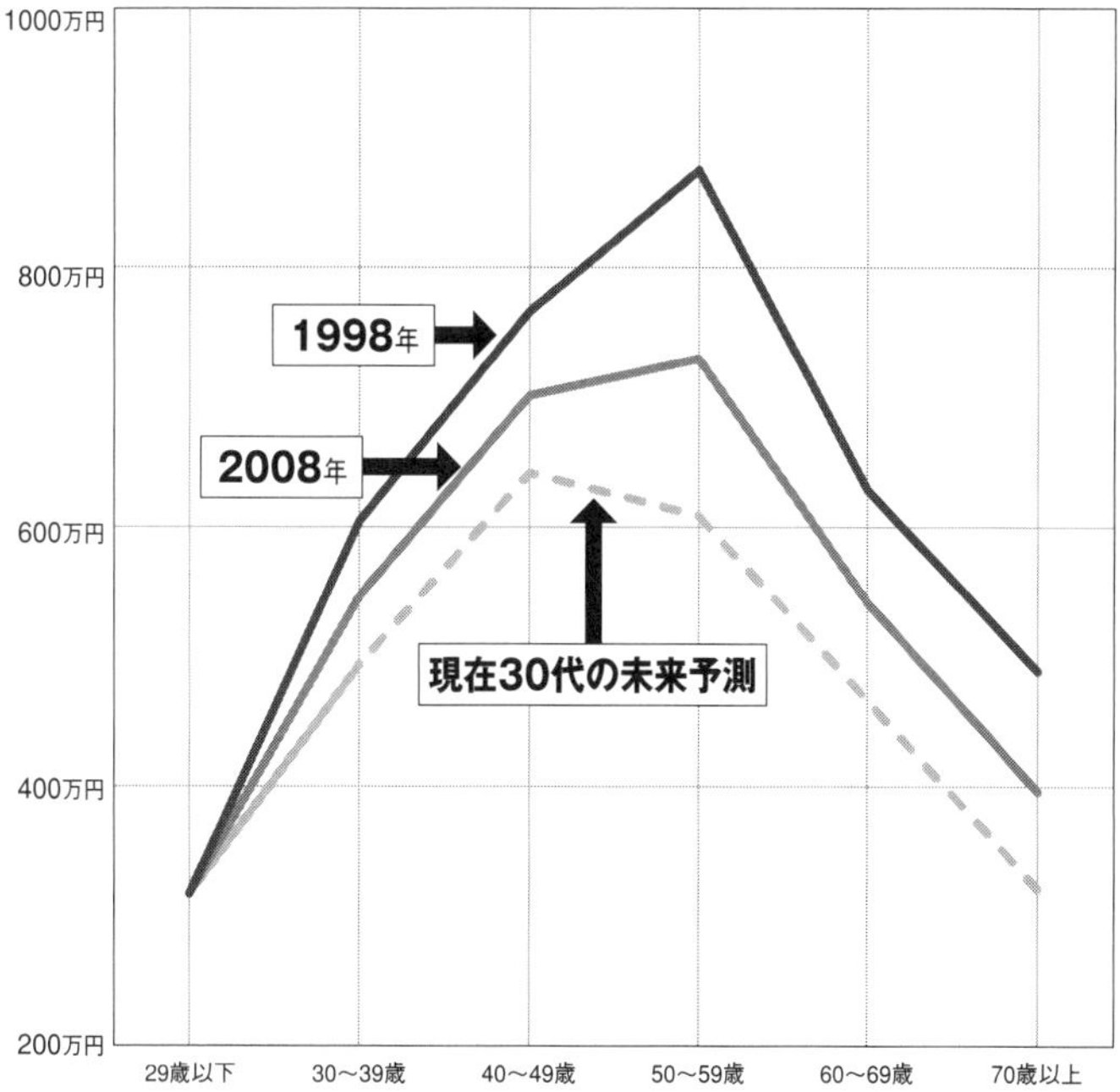

厚生労働省「国民生活基礎調査」より作成（予測値除く）

そればかりではありません。2007年から、およそ800万人ともいわれる団塊世代（1947年〜1949年生まれ）のリタイヤが始まっています。これで「口うるさくてジャマなだけの上司」との縁が切れると思って喜んでいたら大間違い。じつは団塊世代との付き合いはまだまだ続きます。彼らは仕事をリタイヤしたからといって人生までリタイヤするわけではないのです。少なくともあと15年から20年くらいは生きるでしょう。

では、そのあいだの年金や医療費のめんどうをみるのは、いったいだれでしょう。そうですね。私たち、現役世代が支払う年金保険料であり健康保険料であり税金です。私たちは、下の世代と比べれば多少なりとも収入が多く、消費も盛んですから、それだけに負担も大きいわけです。10年後、消費税の税率はいったい何％になっているのでしょうか。

どうやら「先のこと」を考えなければならないようです。

シミュレーション

年収ダウン時代のライフプラン

40代で収入は頭打ち、50代では収入が減少、しかも負担は増加……。この不吉な予測が現実になるとすると、私たちの生活にどのような影を落とすことになるのでしょうか。

◉予測が現実になり普通（平均）の所得しか得られなかったケース

30代で547万円ということは、当然、夫婦共働きの結果です。奥さんはパートタイムでしょうか、それともフルタイムでしょうか。いずれにせよ、共働きが可能なのは子どもが生まれるまで。それまでのあいだはともに一所懸命に働き、同時に一所懸命に貯蓄に励み、来るべき「育児」に備えなければなりません。

やがて子どもが成長し、小学校に上がるころに40代を迎えるわけです。子どもの世話から手が離れた奥さんには、ふたたび仕事に復帰してもらうことにしましょう。

それでも年収はふたり合わせて642万円です。まあ、公立の小中学校に通わせるのでしたら、これでも十分でしょう。

ただし、そろそろ「マイホーム」がほしくなるころではありませんか？　20代のころから始めた貯蓄は、頭金に十分なだけ貯まっているでしょうか。ローンを組んだとして、無事に返済できるでしょうか。それに、新婚当時に買った家電製品もそろそろ買い換えの時期。「上」や「横」を見ればきりがありませんが、中古でもいいのでマイカーだってほしくなるかもしれません。

やがて50代。35歳のときに生まれた子どももいよいよ高校進学。当然、公立高校ですね。年収が505万円に下がっているわけですから。家のローンだってまだまだ残っています。

そして3年後。ついにそのときを迎えます。大学進学です。

「家計が苦しいから大学はあきらめてくれ」

高校卒業後の学費総額

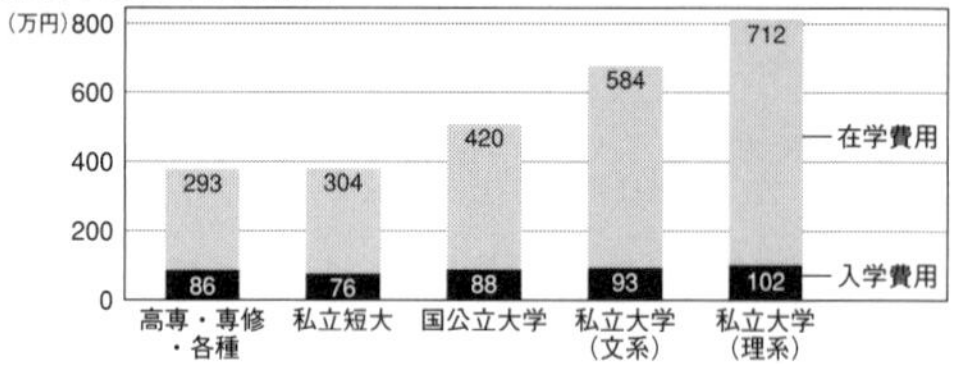

日本政策金融公庫「教育費負担の実態調査」2008

成績の悪いロクデナシの息子や娘だったら躊躇せずにそう言えるかもしれませんが、塾にも通わずにトップクラスの成績を残している孝行息子・娘に「お父さん、ムリしなくてもいいよ。わかってるって」などと言われた日には、たとえ自分はお昼を抜いてでも子どもを大学に通わせたいと思うのが、「人の親」というものではないでしょうか。もちろん、それで足りれば、の話ですが。参考までに、大学入学にかかる費用は、初年度で私立大学が最低でも百数十万円、国立大学でも百万円近くになります。

それから、言い忘れましたが、これは子どもがひとりの場合です。もしもふたりめが生まれていたとしたら……。あまり現実的ではありませんね。そして、これも言い忘れていましたが「老後ための貯蓄」というのも、ちょっとムリがありそうです。

◉予測を打ち破り、平均の所得を大幅に上まわったケース

あくまでも予測は予測、平均は平均でしかありません。みなさんの未来を束縛する権利も効力もありません。予測など鼻歌まじりに蹴散らし、平均などスキップで乗り越えてしまってください。

その結果、世帯所得が1998年レベルに保てたとしましょう。

30代で604万円です。この世代の家庭の平均的な支出は月額27万円（総務省「家計調査年報19年」）ですから、「人並の生活」をしても1年間に280万円の貯蓄ができる計算になります。

◉年収負担率
ローンの返済額（年額）が税込年収に占める割合のこと。住宅ローンの借り入れ審査で金融機関から重視される数字。20％前後が実際にローンを組んでいる人の全国平均。25％がゆとりのボーダーランであり30％となるとかなりきついとされるが高年収であれば問題ない。

仮に30歳のときに結婚して35歳で子どもが生まれたとしても、5年間で1400万円が貯まることになります。

40代の年収は766万円です。30代の貯蓄を頭金にすれば、十分に持ち家を買うことができます。ちなみに年収が700万円あれば、「ゆとりを持った返済が可能」とされている年収負担率25％で計算すると、3800万円の借り入れが可能です。頭金に1000万円使えるとすれば4800万円の住宅が購入可能。首都圏の庭付き一戸建てだって夢ではありません。これで月々のローン返済額は15万円以下。子どもに習い事をさせても余裕です。

そして50代。人生の円熟期とも言えるこの時期の年収が875万円です。この世代の平均的な支出は月額35万円。毎年450万円ほどの「余剰金」が発生します。さすがに子どもが私立大学の医学部となるとちょっとした緊張感が走りますが、「私立理系でひとり暮らし」ぐらいでしたらびくともしないはずです。老後に備えた貯蓄だって可能です。

◉予測が現実になりしかも普通（平均）以下の所得しか得られなかったケース

あまり書きたくはないのですが、あり得なくはない話です。平均があって、それを大きく上まわる人がいれば、必ず、平均に遠く及ばない人がいるのです。所得分布が正規分布だとして「帽子の左側のつば」に限りなく近い所得層です。

●公立高校の授業料
　東京都の場合、都立高校（全日制）の授業料は年額で12万2400円。ただし、2009年の衆議院選挙で政権を獲得した民主党が「高校の授業料の実質無償化」をマニフェストに掲げているので、今後、無料になる可能性も。


前記の「富裕層」の対称だとして考えてみましょう。

30代の年収は300万円台の後半といったところでしょうか。これでは貯蓄はほとんどできませんね。では子どもはどうしましょう。こればかりは天からの授かりもの。収入が低いからつくらないというのでは、あまりに消極的すぎます。

40代で年収はようやく400万円台。大丈夫。義務教育ですから、それほどの出費にはなりません。ただし、あまりにもきついようでしたら給食費などの減免措置などが必要かもしれませんね。塾？　それはぜいたくが過ぎるというものでしょう。

いよいよ問題の50代です。おそらく年収は400万円台のままなのでしょう。奥さんにも頑張って働いてもらわなければなりません。できればフルタイム。家のことはできるだけ子どもにも協力してもらいましょう。お弁当ぐらい自分でつくれる年齢です。持ち家？　夢のまた夢。いつか宝くじでも当たったら、くらいに考えておくのがベターでしょう。

それでも否応なしにやってくるのが「高校進学」や「大学進学」です。高校はなんとか公立高校でしのぎましょう。授業料の減免措置もあります。大学は、さすがにこの収入ではあきらめてもらうか、さもなくば奨学金とアルバイトを利用して、自力で通ってもらうしかありません。

老後に備えて蓄えるのも、ちょっとむずかしいかもしれません。にもかかわらず、です。厚生年金の受給額は、現役時代の所得に対応しています。つまり、現役時代に十分に貯蓄

雇用慣行についての企業意向

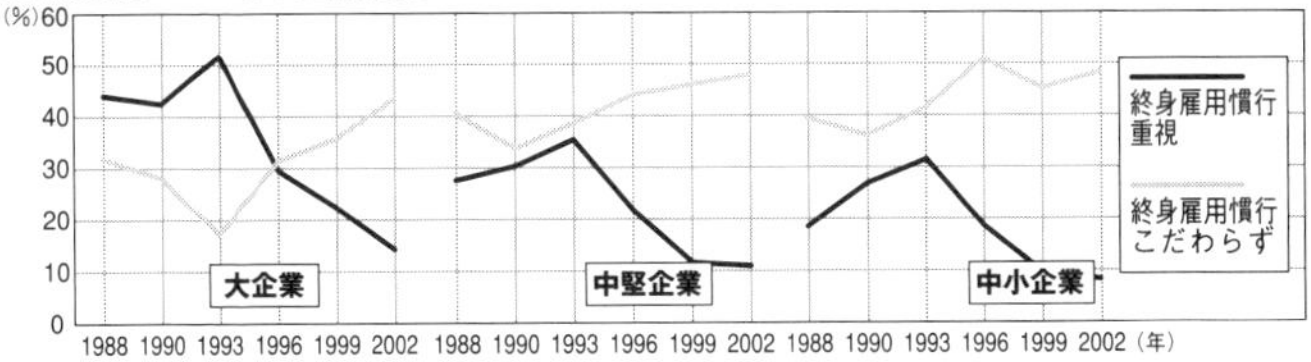

厚生労働省「雇用管理調査」

が可能な「富裕層」ほど、受け取れる年金額も高いのです。貯蓄もできない、年金も期待が薄いとなれば、どうやって老後を過ごせばいいのでしょうか。

働くのです。

私たちの世代が60代を迎えるころには、おそらく「定年」という言葉は有名無実化しているはずです。すでに法令などは定年の引き上げを求めていますが、実態は会社まかせです。だから働ける人は70歳でも80歳でも働く。そのかわり、会社にとって不必要な人は50代でも、見えない手によって肩を叩かれる。それでも生きていくためには、必要としてくれる職場にしがみつくしかないのです。たとえそれがどんな仕事であっても。

なんだか暗い気分にさせてしまいましたね。

ただ、これだけは事実です。人口増加と経済成長、そして年功序列の賃金体系によって支えられてきた「これまでのライフプラン」は、私たちの世代にはもう通用しないということ。ただ、だまって船に乗ってさえいれば、レベルの差こそあれ、だれもが目的地に到達できた時代は、もう終わりです。

そして、これがいちばん大切なことですが、どの道を選ぶのかはみなさん次第です。時代の波に身をまかせてしまうのか、あるいは飲み込まれてしまうのか、それとも荒波を乗り越えて自力で目的地まで泳ぎ切るのか。選ぶのはあなたです。レースはもうすでに始まっています。ルート変更が可能なタイムリミットはもうすぐそこまで来ています。

35歳は仕事人生の曲がり角

ここに興味深いデータがあります（左頁図）。内閣府の「国民生活に関する世論調査」です。この中に「働く目的は？」という調査項目があるのですが、おもしろい結果が出ています。

「生きがいを見つけるため」を目標にしている人は、20代では高かったのですが、30～34歳で急激に減少していきます。その後35～39歳で再び上昇に転じ、40歳以降はぐんぐん伸びていきます。

もうひとつ。「お金を得るため」と答えた人は、20代では低いのですが、30～34歳で急激に増加していきます。ところが35歳を過ぎると減少傾向に移り、40歳以降は急激に下がっていきます。

要約すると、こういうことです。35歳を目前にして、「仕事が生きがい」という人が激減し、「お金のため」という人が急増する。そして、35歳を迎えると「仕事が生きがい」という人が増えて、「お金のため」という人が減っているのです。

この調査結果は、いったいなにを物語っているのでしょう。単純に受け止めれば、35歳の手前で仕事がつまらなくなり、その結果、お金のためだと割り切って働くようになった。ところが、35歳を迎えるに当たってじっくり考えてみた結果、やはり仕事で大切なのは

働く目的は何か

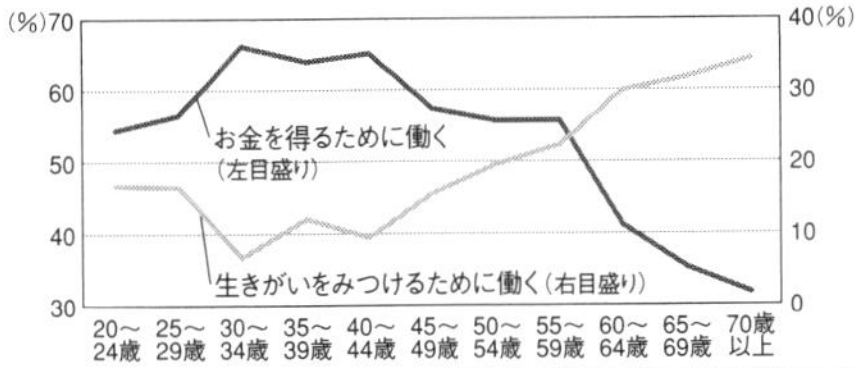

内閣府「国民生活に関する世論調査」2007

「生きがい」であって「お金」ではないことに気づいた、ということでしょうか。一人ひとりに確かめることはできませんから真相は藪の中なのですが、結果からはそう読み取れます。

しかし、ここで重要なのは「仕事が生きがい」という人が増えた・減ったとか、「お金のため」という人が増えた・減ったという結果ではなく、34歳と35歳のあいだに、グラフが大きく折れ曲がっている「転換点」があるということではないでしょうか。

原因はそう単純ではないはずです。類型化できるような話ではないかもしれません。

たとえば「35歳・転職行き終電発車時刻説」。

転職するなら35歳はラストチャンスだといわれています。乗るなら「いま」しかないわけです。でも、本当に乗ってしまっていいのか。時計の針と駅の表示板を交互に眺めながら思い悩み、とまどいためらうのです。

じつは35歳は仕事上でもっとも充実する時期の入り口。このままいまの道を歩んでいけば、課長の座につくのも、もうそう遠い未来の話ではありません。チッチッチッチッ。そう考えているあいだにも、秒針は無情にときを刻み続けています。そんなときに限って頭をよぎるのは、明日の会議のこと。自分が進んでいこうとする方向と会社が目指している方向がどうも微妙にずれているのではないかという、なんともたとえようもない違和感を覚えてしまったことを、よりによってこんなときに思い出してしまいます。チッチッチッ

◉ドリンク剤よりも…

残業での踏ん張りがきかないときにドリンク剤を飲む人も多いだろう。効いた気にはなるが、薬理学的には、カフェインの覚醒効果と高い糖分による急激な血糖値の上昇による錯覚。

それよりニンニク注射が即効性もあり、実際、疲労にはいい。行きつけのクリニックがそばにあればいいが、そうでないなら、サプリメントで摂る手がある。

ハードワーク時にはビタミンB1とB2を大量に摂るだけでかなりの効果が期待できる。マルチビタミンと併用するのが吉。

ビタミンはコンビニで売ってる安物ではなく、たとえばダグラスラボラトリーズなど、ドクターが処方にも使うようなものがよい。

チッ。とどまるべきか。それとも移ったほうがいいのか。決めるのはあなたです。

ところでみなさんはもうすでに「結婚」はしていますか？　まだしていなくてこれから予定があるという人は、「結婚」も仕事に影響を与える要素になります。くれぐれも「私と仕事とどっちが大事なの？」などというバカな質問をする人とは一緒にならないように。「出産」も仕事についてあらためて考えるきっかけになるでしょう。いま、自分は35歳。この子が成人するころには55歳。まだバリバリの現役です。そのとき自分はなにをしていて、子どもに対してなにをしてあげられるのか。考えるならいまです。

「健康」はどうでしょうか。会社の定期検診の結果を見れば、20代のころとはあきらかに違う。いえ。数値を見るまでもないでしょう。残業が続いたときの踏ん張りの「きかなさ」。深酒をしたときの翌日の「残り方」。どれをとってもすでに下降フェーズに移行している。将来に対して不安になるなというほうがムリな話です。

20代のころと比べて時間がたつのが速くなった、と感じているとしたら、それはみなさんの思い違いです。ときはつねに冷静です。お母さんの胸に抱かれてすやすやと眠る赤ん坊の中でも、仕事に追われてつねに走り回っているみなさんのまわりでも、常に同じスピードで流れているのです。ときの流れが速くなったと感じたとするなら、それはただ、みなさんの歩くスピードが遅くなっただけ。そう考えたほうが自然でしょう。

いずれにしても35歳は「仕事の曲がり角」だといえそうです。

自己分析

あなたはなぜ働くのか？

ということで、35歳の曲がり角に差し掛かっているみなさんに、あらためて質問します。

――あなたはなぜ働くのですか？

次の選択肢の中から当てはまると思うものをひとつだけ選んでください。自分の気持ちを偽ったり、ヘンな格好をつけたりしないで、正直な気持ちで素直に答えてください。

①生きがいのため
②お金を得るため
③世の中や他人の役に立つため
④自分の才能や専門知識、能力を発揮するため
⑤いまの仕事が好きだから
⑥家族や自分の幸せのため
⑦忙しすぎて考える暇がない
⑧考えたことがない

◉ワーカホリック
　直訳すれば仕事中毒、あるいは仕事依存症。日本では揶揄する程度の言葉であるが、欧米では明らかに侮蔑的表現である。日曜日を安息日とする宗教的背景もあってか、労働は生活のための手段という考え方が強い。
　とはいえ、欧米、特にアメリカでも、起業家や会社の役員クラス、IT技術者、開発研究者などは日本人以上に猛烈に働いている。

みなさんが選んだ結果を見て、正直な気持ち、どう思いますか（□をチェック）。

□思っていた通りの道を着実に歩いていることを再確認できて、明日への活力になった

□知りたくなかった自分と直面する結果になってしまい、少なからず気分が悪くなった

　では、選択肢について、ひとつひとつ、見ていくことにしましょう。

①生きがいのため

「仕事が生きがい」というと、どうしても「ワーカホリック」的な印象があるのですが、この選択肢を選んだみなさんの生活はどうなのでしょうか。仕事を生きがいにするあまり、「家族」や「自分」といったものを犠牲にしていないでしょうか。「よい仕事」というとき、それは仕事の中身そのものや、仕事とあなたの関係性だけではなく、家族まで含めた生活全体の中での仕事のあり方まで含めて「よい仕事」であるべきです。

②お金を得るため

　前出の「国民生活に関する世論調査」でも、働く目的を「お金を得るため」だと答えた人は30代で60％以上と、ほかの理由に比べて突出して多かったのです。現実問題として、生きていくためにはお金が必要であり、そのためのもっとも合理的で健全な方法が「働くこと」です。言葉だけをとらえると、仕事に生きがいを感じられずにイヤイヤながら働いているというイメージがありますが、重要なことは得たお金をどう使うか、ですよね。

③世の中や他人の役に立つため

たいへんに崇高な考え方です。仕事に対してこうした考えで臨んでいる人は、当然生きがいも感じているのでしょう。世の中や他人の役に立つというと、寝る間も惜しんで働く救命救急医療に携わる医師、のようなステロタイプを思い浮かべるかもしれませんが、決してそんなことはありません。たとえは悪いかもしれませんが、ビス1個、金型ひとつなくなっただけで、現代の私たちの生活は、その瞬間に立ちゆかなくなってしまうのです。

④自己実現のため

近年の労働に対する考え方で急速に強くなっているのが「自己実現」という欲求です。労働に精神的な意義を求めるようになっているのです。たしかに生きている限り、そこに自分の存在意義を求めてしまうのは、ごく自然なことかもしれません。とはいえ、「自己実現」が「報酬」に結びつくには、高いレベルでの努力と洗練が求められます。たとえばイチロー選手の芸術的なバットコントロールのように。あるいは村上春樹の文章のように。

⑤いまの仕事が好きだから

④の自己実現のためと類似しています。違うのは「結果を求めない」というところでしょうか。自己実現を目指す人が、ともすれば個人主義や快楽主義におちいりかねないのと比べると、多少は「ゆるさ」があるのでしょう。ただし気をつけないと単なる自己満足に終わる危険性はつねにはらんでいます。だれもが好きなことを仕事にできるわけではありませんが、いましている仕事を好きになる、という順序だって間違いではないはずです。

⑥家族や自分の幸せのため

ある意味、ちょっと卑怯な選択肢だったかもしれません。この選択肢以外を選ぶのには、相当の勇気が必要だったのではないでしょうか。話は少々大げさになりますが、私たちが生きている理由・目的のひとつに「子孫の繁栄」があります。子孫は家族の中で生まれ、育っていくものです。したがって家族のために働くというのは、とてもプリミティブで健全な思考だといえるでしょう。問題はそのためになにを犠牲にしているかです。

⑦忙しすぎて考える暇がない

やらなければならないこと、やるべきことは山ほどある。たしかに考えなくても仕事は次々にやってきます。そして期限が来ればきちんきちんと報酬が振り込まれる。それで家族の生活が成立する。忙しすぎるのは仕方のないことですし、考える暇がないのも納得できます。なるほど、考える必要など微塵もないようにも見えますね。ではもう一度、60歳の自分に向けて同じ問いかけをしてみてください。それでも同じ答えになるのでしょうか。

⑧考えたことがない

なんらかの理由があって、もしくは考える必要性を感じることがなかったために、いまで働く理由について考えてこなかったのですね。そして、それでも十分に幸せ（ここでは幸せの定義については触れないことにしておきます）な生活を送ってこられた。でも、その道は本当に目指すべきゴールに向かっていますか？　同じところをグルグルと回っているだけではありませんか？　最初にも書きました。ときには考えてみてはいかがですか。

あらためて「自分がいま働いている理由」と向かい合った感想はいかがですか。どの選択肢を選んだにせよ、それがいまの段階でのみなさんの仕事に関する「リアル」なのですよね。ところで、みなさんは20代のころに、今回のように「働く理由」について真剣に考えたことがあったでしょうか。働くのに夢中でそんな余裕などなかったのではありませんか。こうして自分自身と向き合うことができるのも、35歳という年齢に達して（近づいて）いるからこそです。まさに「曲がり角」に差し掛かっているのです。

問題提起

働く意味を問うことの意味は？

ここでちょっとだけ寄り道をしてみます。テーマは「働く意味を問うことの意味は？」です。あるいは「働くのに理由は必要か？」でもいいでしょう。

原始の時代、働く意味はきわめて単純かつ明快でした。それは直接的に「衣・食・住」を手に入れるためです。ひとつ付け加えるとすれば、配偶者を得て子どもをもうけ、子孫を繁栄させるためでした。それが今日のように（前節のような多くの選択肢が成立するほどに）多様化したのは、いつからのことでしょうか。

完全な正解とはいえないかもしれませんが、働くことに意味を見出そうとし始めたのは、「衣・食・住」を手に入れることが働く理由としては成立しなくなったから。つまり「豊かになった」からではないでしょうか。豊かで恵まれているからゆえの問題発生です。

マルクスの『資本論』に、産業革命後の資本家たちによる労働者への収奪を描いたこんなシーンがあります。その資本家たちは、12歳から15歳までの少年を、朝6時から翌日の午後4時まで、食事と1時間の睡眠以外にはまったく休息を与えずに働き続けさせたといいます。洞窟のような劣悪な労働環境での30時間以上におよぶ過酷な労働です。やがて、この資本家らは告発されるのですが、与えられた罰は2ポンドの罰金のみ！　過酷な労働の末、命を落とす子どももいたといいます。このような労働にいったいどんな意味を見出

過労死の申請＆認定件数の推移

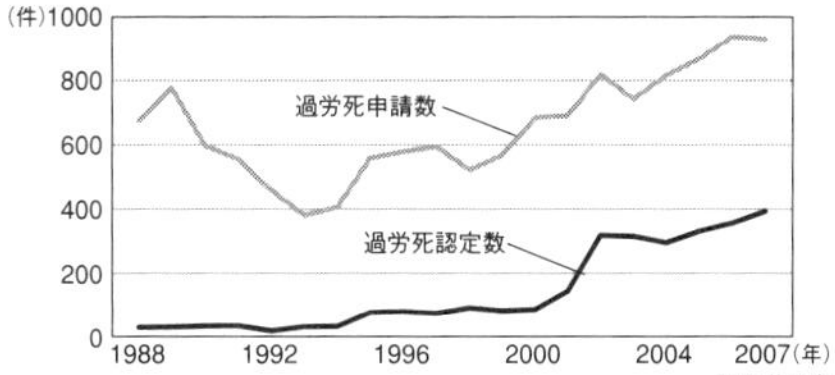

厚生労働省

せるというのでしょう。どんな理由があるというのでしょうか。

決して遠い昔の物語ではありません。いま、この時代にあっても現実に過労死する人はあとを絶たない。命までは落とさないまでも、心が病み、体がボロボロになっている人は数限りなくいます。マルクスの生きた時代といまの日本とは、地続きだともいえるのです。

それでも私たちは、こうして働き続けています。そして、そこに意味や理由を見出そうとしています。出口はどこにあるのでしょうか。

こう考えてみるのはどうでしょう。働く意味を問うのではなく、その先にあるメリットを見つけるのです。働く意味を自覚することによって、どのようなベネフィットがもたらされるのか。

極端な例ですが、自分で掘った穴をまた埋める行為を繰り返すという、まったく意味のない苦役を強いられたとします。働く意味などないように思われますが、それでも意味を見出してみる。たとえば精神と肉体が鍛錬されると考えるのです。そうすることによって少なくともまったく無意味な行為ではなくなるのではないでしょうか。

もちろんこれは極論です。現代の労働において、働く意味を問うことのメリットを探すことは、もっとたやすいはずです。たとえば、働く意味を問うことによってモチベーションが上がるということもあるでしょう。具体的な方向性（たとえば転職する・しないや、働き方など）が見えてくるということもあるでしょう。

◉過労死

厚生労働省によると、過労死とは「過度な労働負担が誘因となって、高血圧や動脈硬化などの基礎疾患が悪化し、脳血管疾患や虚血性心疾患、急性心不全などを発症し、死に至った状態」をいう。

それ以前に、35歳ともなると、働く意味を考えずに、あるいは自分のことだけを考えていたのでは立ちゆかなくなります。家族もいれば部下もできる、仕事でも生活でも関わる人が格段に多くなるからです。会社の経営にとって理念や目標が必要なように、私たちにとっても「なんのために働くのか」を明確にする必要があるのです。

ビジョン❶

35歳の会社員に与えられる選択肢

ここまで、働く意味や理由について考えてきました。いったいなんのために考えてきたのでしょうか。自分の立ち位置（現在位置）を明確にし、そこから目標に向かってちゃんとルートが描けているかどうかを確認するためです。自己イメージと現実とのギャップをできるだけ小さくするため、といってもいいでしょう。広い意味で自分を知るためです。

繰り返しになりますが、35歳は自分のことだけを考えていてはいけません。つねに自分と対象との関係性を念頭に置いて思考しなければなりません。

この場合の対象とは、もちろん「仕事」のことです。すなわち、「どう働けばいいのか」です。はたしてどのような選択肢があるのでしょうか。

◉選択肢① 研究員などの専門職として自分のやりたい仕事をとことんきわめる

正確には「選択肢」とはいえませんね。35歳で思い立ってきわめられる道ではないからです。入社当時から選択し、抜擢され、歩き続けてきた人だけに与えられる道です。事実、理系技術者や専門職の仕事人としてのピークは文系よりもずっと早く、28歳くらいだともいわれています。

35歳を過ぎて、なお、スペシャリストとしてやっていこうと考えるならば、遅くとも30歳くらいまでには専門職としての能力が高く評価されている必要があります。もちろんそれだけでは不十分です。専門職であり続ける限り（定年が意味をなさない将来的には、死ぬまでと考えていいでしょう）、向上心を持ち、新しい知識や情報、技術の習得を続けなければなりません。モチベーションをつねに高く保ち、文字通り、寝食を忘れてのめり込めるだけの体力や気力が必要でしょう。もちろん努力だけでなく、明確な「成果」を求められることは、いうまでもありません。

このようなことは、すでにこの道を歩き続けている人にとっては当たり前のことでしたね。あえて提案するとしたら、業界の動向に無頓着にならないように気をつけること、でしょうか。研究者などの専門職のウイークポイントとして、自分の研究分野以外のことに対しては、驚くほどに関心を示さないという点があります。あまり近視眼的にならずに、少なくとも自分が属する業界でいまなにが起こっているのか、ぐらいはつねにチェックしておきたいものです。研究開発の一助になることはもちろんですが、転職を考える際にも確実に有利に働きます。

◉選択肢②　ゼネラリストとしてマネジメントの道をとことんきわめる

高度成長期から昭和の終わりごろまでにかけては、ごく当たり前の会社員としての働き方でした。いったん会社に入れば、〇歳で係長、〇歳で課長、そして〇歳で部長になってめでたく定年退職という、きわめてわかりやすいレールが敷かれていたのです。

もちろん現在ではそのような道はありません。ポスト不足のため、だれもが管理職になれる時代ではないのです。レールは引きはがされて無惨な姿をさらしています。

ちなみに、厚生労働省の「賃金構造基本統計調査」によれば、役職者の平均年齢は意外と高く、部長級51・7歳、課長級47・1歳、係長級43・0歳となっています。そして、昇進の平均年齢は年々上昇する傾向にあります。

ところが近年では、成果主義の浸透によって比較的早い段階から次の管理職候補が選抜されているといわれています。30代前半で、すでにふるいにかけられているのです。

そう考えるとこの道も胸を張って「選択肢」と呼ぶには少々心もとないところがありますね。選ぶよりもむしろ会社側によって選ばれるわけですからね。ただし、結果的に選ばれるにせよ、そのためには手を挙げなければならないわけですし、選ばれるのにふさわしい人材に成長している必要があるわけです。

理想の上司ベスト5

	男性上司	女性上司
1位	イチロー	真矢みき
2位	島田紳助	菅野美穂
3位	関根勤	篠原涼子
4位	タモリ(森田一義)	久本雅美
5位	所ジョージ	江角マキコ

明治安田生命保険相互会社
「新入社員を対象としたアンケート調査」2009

◉名目GDPと実質GDP
名目GDPは、付加価値の総額をそのまま市場価格で評価したもの。実質GDPは、名目GDPから物価変動の影響をのぞいたもの。名目GDPが増加していても、同時に物価が上昇していれば、実質的には経済活動が高まったとはいえない。

では、管理職としてふさわしい人材とはどのような人材でしょうか。これも釈迦に説法かもしれませんが、ねんのため。

ひとことでいうならば、実務能力があり、なおかつ部下をコントロールして成長させるリーダーシップがある人材、ということになるでしょう。それだけではありません。つねに「経営」という一段高い視点から組織全体を見渡して把握する能力も必要でしょう。新しい企画や立案に対するリスク管理能力も求められます。古い考えだと思われるかもしれませんが、新しいことにチャレンジする意欲やバイタリティやチャレンジ精神も重要です。

意外と見落とされがちなのが、会社員としての基本的な知識です。たとえばみなさんは、いまの自分の会社の売上高を正確に言うことができますか？　営業利益がいくらで経常利益がいくらなのか、だいたいでいいので知っていますか？　新入社員のころにはちゃんと頭に入っていたはずの数字です。就職活動でしっかりと研究したはずですからね。

35歳から必要なスキルは職種によってかわってきますが、「数字に強いこと」は職種によらず、必要不可欠です。たとえばGDPです。GDPが「国内総生産」のことだというのはおそらく社会人ならだれでも知っているでしょう。では、現在の日本のGDPがいくらかご存じですか？　自社の売上高と同じくらい、知っていて当たり前の数字です。

正解は約481兆円です(2009年4〜6月期)。「およそ500兆円」と答えられれば、合格の範囲内としていいかもしれません。

GDPのキホンをおさらい

GDP(Gross Domestic Product) 国内総生産	=	日本人が商品を買ったり、企業が工場を作ったり機械を買ったりした額。国内で使われたお金の総計のこと。

※国民総生産(GNP:Gross National Product)は、日本人が世界で使ったお金の合計。日本で使ったお金も、海外で使ったお金も含まれる。

名目GDP……物価の変動を考慮する
実質GDP……物価の変動を考慮しない、純粋な生産量

$$\text{経済成長率} = \frac{(\text{当年のGDP}-\text{前年のGDP})}{\text{前年のGDP}} \times 100$$

◉労働分配率
人件費÷付加価値(粗利)である。人件費には法定福利費、つまり会社負担の社会保険料なども含まれる。
一般的に大企業ほど低く、中小零細になるほど高い。似たものに人件費率があり、人件費÷売上で表される。

では、「GDP」の定義とは? 「一定期間内に国内で生み出された付加価値の総額」となります(名目GDPと実質GDPの違いを知っていれば、なおよいでしょう)。

では、「付加価値」とは? 「売上高－原価」で表されます。

と、ここまで読んだところで、「GDPって会社でいえば粗利にあたるのでは?」と気づいた人は、なかなか鋭い人。まさにその通りなのです。ということはですよ。日本全体の就業者数を「日本国株式会社」の従業員というふうに考えれば、ひとりあたりの収入が計算できることになります。ためしに計算してみましょう。

粗利に対する人件費の割合を「労働分配率」というのはご存じですよね。日本企業の平均的な労働分配率がだいたい60%ですから、これをGDPに当てはめてみると、約300兆円になります。日本の就業者数は約6000万人ですから、300兆円÷6000万人で、ひとりあたりの収入はおよそ500万円になります。日本人の平均給与が437万円(国税庁「民間給与実態統計調査」2007)ですから、そう遠くない数字です。

ここからなにがわかるか。GDPと私たちの収入とは密接に関係しているということです。日本全体で考えれば、GDPが上がらなければ一人ひとりの給料も上がらないのです。ちなみにわが国の実質GDPは、2008年から2009年にかけて、軒並みマイナス成長となっています(2009年4~6月期はわずかにプラス)。どうりで収入が増えないわけです。

GDPのついでに、損益計算書の仕組みについても、ざっとおさらいしておきましょう。

損益計算書(P/L)のしくみ

① **売上高**
(商品やサービスの提供によって得た収入)

② **売上原価**
(①売上高に対してかかった原価費用)

---

③ **売上総利益 または売上総損失**(①−②)
(売上高から売上原価を差し引いたもの。粗利益ともいう)

④ **販売費及び一般管理費**
(人件費、広告宣伝費、通信費など、営業活動に必要な費用)

---

⑤ **営業利益 または営業損失**(③−④)
(会社の事業活動で生み出した、本業での儲け)

⑥ **営業外収益**
(受取利息や配当金など、本業以外の儲け)

⑦ **営業外費用**
(支払利息など、本業以外での費用)

---

⑧ **経常利益 または経常損失**(⑤+⑥−⑦)
(⑤営業利益に、本業に付随する財務活動の損益を考慮したもの)

⑨ **特別利益**
(固定資産売却益など、臨時的な利益)

⑩ **特別損失**
(災害損失など、臨時的な損失)

---

⑪ **税引前当期純利益 または税引前当期純損失**(⑧+⑨−⑩)
(税金を引く前の利益)

⑫ **法人税等**
(法人税、住民税及び事業税)

⑬ **法人税等調整額**
(税法によって計算された税金を商法によって計算した調整額)

---

⑭ **当期純利益 または当期純損失**(⑪−⑫+⑬)
(その期の営業活動における最終的な儲け)

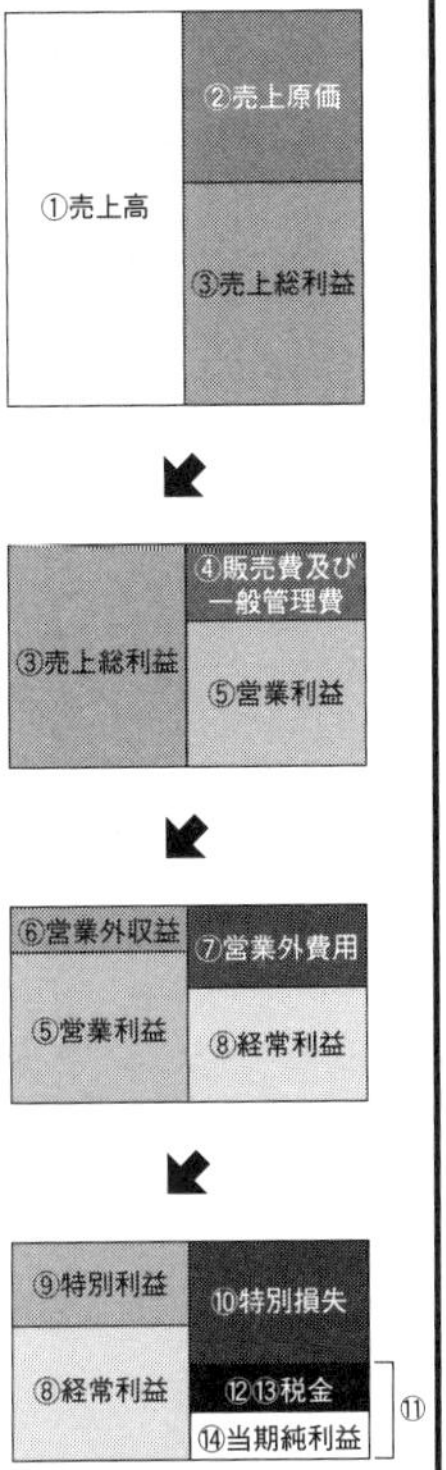

※ある費用を「販売費及び一般管理費」に計上するか「営業外費用」に計上するかによって「営業利益」の金額が変わってくるが、いずれにしても「経常利益」や「期純利益」の金額は変わらない。

損益計算書から読みとれるもの

- 売上原価率(%)=②売上原価÷①売上高×100
- 売上総利益率(%)=③売上総利益÷①売上高×100
- 売上高営業利益率(%)=⑤営業利益÷①売上高×100
- 売上高対管販費率(%)=④販売費及び一般管理費÷①売上高×100
- 売上高経常利益率(%)=⑧経常利益÷①売上高×100
- 売上高対当期利益率(%)=⑭当期利益÷①売上高×100

損益計算書を見るときのポイント

- 売上高営業利益率(⑤営業利益÷①売上高 ×100)が10%を超えると優良企業といえる。
- ひとつの期間のみを見るのではなく、期間ごとに並べてその推移をチェックする。
- 同業種の財務指標の平均値と比較して検討する。

売上から仕入れを引いたものが粗利であることはすでに書きました。売上総利益ともいいます。売上総利益（粗利）から、売上のために必要なコスト（人件費や交通費、家賃など）を引いたものが営業利益です。いわば本業によって得られた利益のことです。利益には営業利益のほかに経常利益もあります。これは、営業利益に預貯金の利息や株式の配当、株式の売買などで生じた損益を加えたもの。本業以外のものも含まれますが、経常的（通常の）な経営活動によって得た利益のことを指します。そして、経常利益に損害賠償などの突発的な損益（特別損益）を加え、法人税などを差し引いたものが純利益です。営業利益、経常利益、純利益。この3つくらいは最低限、おさえておきたいものです。

◉選択肢③　出世はしなくてかまわないので、いまのままで定年まで勤め上げる

これも高度成長期から昭和の終わりごろまでは十分に可能だった生き方です。「会社人間」としてではなく、家庭や家族を第一に考える「稼ぎは悪いけどやさしい夫」、「役職にはないけど一緒に遊んでくれる父親」としての道です。

ただし、いまこの道を目指そうとしたら、至難の業です。残業はまったくせず、休日出勤も断固として断り、目立たず出しゃばらず、一生ヒラ社員のままでいいとばかりに、ほどほどに仕事をしているとしたら、40歳をすぎたらリストラ候補にあげられ、50歳までには会社を去ることになるでしょう。

逆説的なようですが、このような「夫」や「父親」的な生き方は、自分で仕事をコントロールできる人、つまり、マネジメントをきわめた人にのみ可能な生き方なのです。

毎日定時に退社して、家族水入らずの団らんを楽しみ、息子や娘をお風呂に入れる。土日もきちんと休んで、家庭菜園を楽しんだり、子どもと遊んだりする。もちろん、夏期やお正月には、まとまった休みを取って長期旅行に出かける。そんな夢を持って社会に出てきた人たちも、きっといることでしょう。

しかし、現実はそれを許してくれそうもない。

果たして現代のような過剰な競争社会が「正解」なのかそれとも「過ち」なのか。答えはまだ出ていません。ここではただ事実を事実として受け止めてください。

ビジョン❷

35歳からの転職と独立開業

◉とりあえず転職を考えてみる

独立開業はともかく、35歳からの転職と聞くと多くの人が「?」となるのではないでしょうか。世間では「35歳転職限界説」はもはや定説と言っても過言ではないですからね。確かに、転職情報誌や人材紹介会社の求人情報を見ると、30歳を過ぎると求人が激減し、35歳以上ともなると、情報を探すのに苦労するほどです。

転職後の賃金変動（35~39歳）

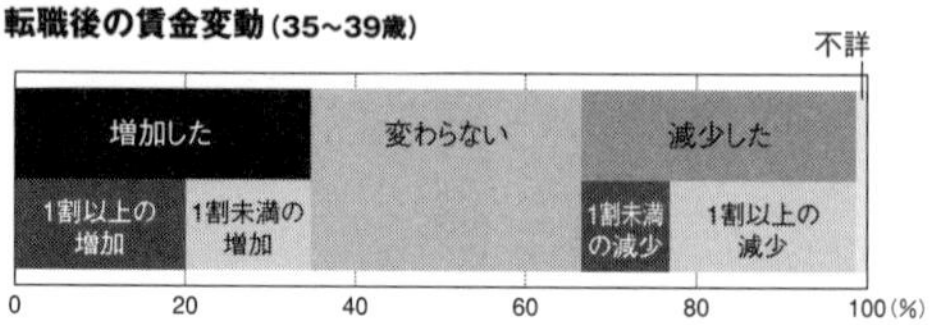

厚生労働省「雇用動向調査」2008

では、転職がまったく不可能かというと、そのようなこともありません。どこの会社でも優秀な社員は必要なのです。

では、どのような人が求められているのでしょうか。20代の転職でしたら、採用する側も使い捨て可能な兵隊としての能力を求めているので、そう難しい話ではありません。しかし30代ともなると求められるものが20代とは異なります。それはある分野における専門的な知識や能力だったり、人心を掌握して最適なパフォーマンスを実現するマネジメント力だったりするわけです。すなわち、いまの会社でスペシャリストとして、あるいはゼネラリストとして評価を受け、大切にされている人です。

これも逆説的になりますが、よい転職をしようと思ったら、まずはいまいる会社で高いスキルとキャリアを身につけなければならないということです。

◉思い切って独立開業する

独立開業には大きく分けてふたつのケースがあります。ひとつは、会社で身につけた特殊技能を生かして、設計事務所や経理事務所などを開業するケース。もうひとつはコンビニエンスストアやラーメン店などを新たに開業するケースです。

考え方はきわめてシンプルです。ポイントはふたつだけ。ひとつは、需要があるところに商品やサービスを供給できるかどうか。もうひとつは、利益が出る仕組みが頭の中にあ

起業の実態は？

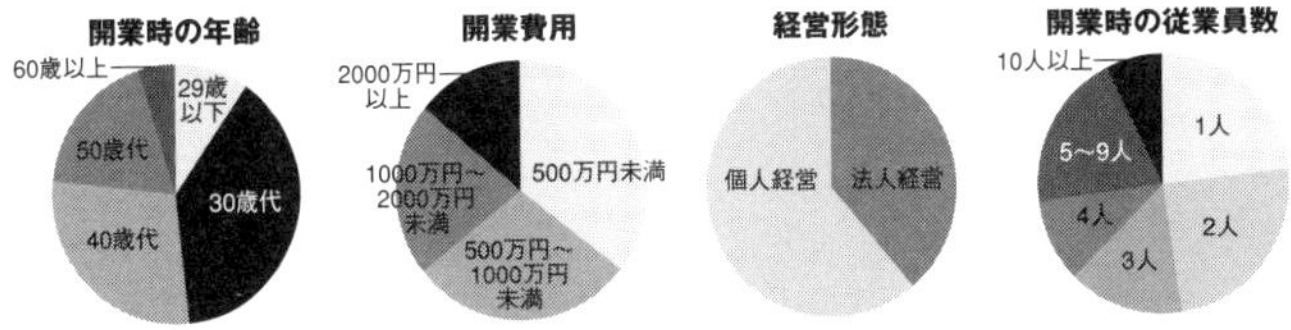

日本政策金融公庫総合研究所「2008年度新規開業実態調査」

るかどうか、です。たこ焼き屋でもリサイクルショップでも便利屋でも同じことです。

会社を作ることを考えてみましょう。現在の日本では、法律上の会社は株式会社、合名会社、合資会社、合同会社の4種類です。かつては有限会社もありましたが、２００６年以降は新設が認められていません。

4つの会社の種類のなかで、もっともポピュラーでなじみが深いのが株式会社でしょう。２００２年以前に設立された株式会社には１０００万円という最低資本金が課せられていたため、たいへんハードルが高かったのですが、現在では最低資本金の規定は廃止されており、資本金ゼロでも株式会社を設立することができるようになりました。

株式会社を設立するには「定款《ていかん》」を法務局に届け出て、登記する必要があります。子どもが誕生したときに出生届を出すようなものです。会社として金融機関に口座を開設したり融資を受けたりする場合には、必ず登記簿謄本の提出が求められます。

定款には、商号（会社名）、本店の所在地、目的、資本金、株主、発行可能株式総数、事業年度、決算の公告、株主総会、取締役など、絶対に記載しなければならない事項や、記載することで法的な効力を持つ事項が定められています。定款の作成は、司法書士などの専門家に依頼してもいいのですが、もちろん個人でもできます。手続きを個人で行なう場合に最低限必要なのは、定款認証手数料の5万円と登録免許税の15万円を合わせた20万円と、印鑑などの雑費ていどですみます。

設立するのは簡単ですが、育てていくことは並大抵の努力ではできません。これも子育てと同じようなものだといえるでしょう。

さて。会社を運営していくうえでは運転資金が必要になります。たとえば、物品を販売する場合、まず、仕入れをします。会社に歴史と実績があれば、仕入れ代金の支払いは商品販売後まで待ってもらうことも可能です。いわゆる「買い掛け」です。ところが信用のかけらもないできたての会社に対して、「売れてからでいい」と言ってくれる仕入れ先はおそらく皆無でしょう。たとえば月末払い、長くて2〜3ヶ月後、場合によっては現金取引を迫られることも多いはずです。

そんなときにまとまったお金がなければどうするのか。

そうですね。借り入れを起こすわけです。

ただし銀行とて商売。担保も信用もない会社にそう簡単に融資はしてくれません。そこで利用するのが公的な融資です。

公的な融資には、各自治体の融資制度と日本政策金融公庫（国民生活金融公庫や中小企業金融公庫などが合併し、2008年に誕生した政府系の金融機関）の2種類があります。金利は、自治体の融資の場合には信用保証協会の保証料が加算されるために、3%前後になります（自治体によって異なります）。一方の公庫のほうは普通貸付の基準利率が2・2%（2009年9月現在）。条件を満たせば0・9%まで優遇されることもあります。

繰り返しになりますが、会社を設立して運営していくということは、自分の子どもを育てるのと同じこと。会社のことを「法人」というように、法律上は人格を持っているのです。いったいどんな子どもに成長していくのでしょうか。いつか、親の思わくなどはるかに飛び越えて「株式の上場」なんてことにならないとも限りません。

ビジョン

35歳・会社員の可能性

ここでは「どう働くか」について、4つのケースを例に挙げました。みなさんはどのように感じましたか。なかには選択肢とはいうものの、選択の権利が会社側だけに与えられていることもありました。現実は思っていた以上にシビアです。もちろんこれ以外にも、みなさんにぴったりの働き方があるかもしれません。

問題は、みなさんがどの選択肢を選ぶか、です。そこでもう一度、「あなたはなぜ働くのですか?」という設問に対する回答を思い出してください。あなたが選ぶべき選択肢は、その「なぜ?」に応えるものでなければなりません。「なぜ?」に向かって真っ直ぐに伸びている道が、きっとあるはずです。

キャリアの研究者であるエドガー・シャインは、目的地に向かうために必要な要素を3つあげています。

1　**自分はなにが得意なのか**

2　**自分が本当にやりたいことはなんなのか**

3　**なにをすることに意味や価値を感じられるのか**

迷ったとき、自分自身に向けて問いかけてもいい言葉です。

いまから10年ほど前、まだ20代だった私たちの目の前には限りない夢が広がっていました。あらゆることが可能なような気がしていたはずです。しかしそれは裏返して考えればあらゆることが不可能になる危険性も秘めていたのです。あれもできるかもしれない、これもできるかもしれない。しかし、あれもできないかもしれないし、これもできないかもしれない。なんの保証も得ていない。つまりは「どうなるかわからない」ということです。

しかし35歳の私たちはそうではありません。まがりなりにも12～13年間の社会人経験を積んできた私たちは、「自分」というものを知っています。自分になにができるのかがよくわかっています。そしてそれ以上に自分になにができないのかがよくわかっています。したがって、現在の私たちの目の前にあるのは「実現可能な夢」です。「しかるべき段取りを踏めば必ずかなう夢」です。

荒唐無稽な戯れ言でなければ、酔ったときにだけ披露する夢見物語ではありません。現実的で手触りの確かな未来なのです。

CHAPTER

2 家庭

FAMILY

ゲーテ曰く。
「王様であろうと、百姓であろうと、
自己の家庭の平和を見いだす者がいちばん幸福な人間である」

大事なこと

いま、もっとも信用できるのは？

信用できる人は誰ですか――。

そう問われたら、みなさんは誰の顔を思い浮かべるでしょうか。

友人や隣人、親兄弟の顔を思い浮かべる人もいます。上司や部下、恩師や政治家を挙げる人もいるでしょう。既婚者なら、多くの人が配偶者の顔を思い浮かべるかもしれません。

個人が社会の中で生きていく上で、信用は不可欠な要素です。人の集合体である社会を生き抜いていくためには、たとえば、誰かがつくった料理を食べたり、誰かに病気を看てもらったり、誰かにお金を預けることが必然であり、衣食住から、命、お金に関するまで、他人に対する暗黙の信用が求められるからです。

では、日本人の、社会に対する信用意識はどうなっているのか。

朝日新聞社が２００８年に行なった世論調査（政治・社会意識基本調査）によると、いまの日本に「信用できない人が多い」と感じている人は64％。「信用できる人が多い」と思っている人

どれくらい信頼しているか

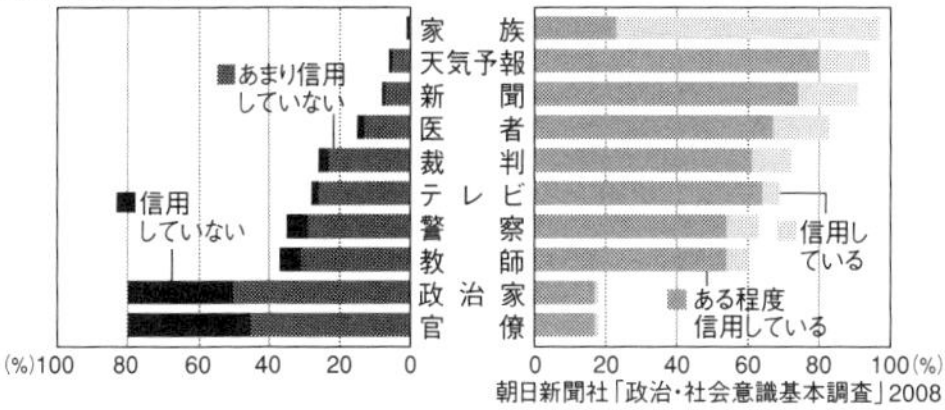

朝日新聞社「政治・社会意識基本調査」2008

は24%だそうです。教師や警察への信用度は60%台。裁判は72%。政治家や官僚への信用度は著しく低く、18%です。

そんな中、97%というとびぬけて高い信用度を得ている存在がいます。

それが、家族です。

家族を持つことはつまり、信用ならないヤツが多い社会の中で、信頼できる存在を手にするということなのです。

ということを踏まえ、みなさんです。

35歳ともなれば、おそらく多くの方がすでに結婚していることでしょう。

データによると、平均初婚年齢は、夫が30・2歳、妻が28・5歳（厚生労働省「人口動態統計の概数」08年）。また、未婚率は、35〜39歳の男性で31%。すでに死別（0・1%）、離婚（3・7%）した人を含めても、35〜39歳の男性で独身の人は、35%に過ぎません（総務省「国勢調査」05年）。

しかし、ここで重要なのは、結婚しているかどうかではありません。既婚、独身を問わず、信用という点で結婚や家庭を考えられるかどうか。信頼できる家族をつくれるかどうかです。

ここに、35歳が取り組むべき課題があります。

「家庭は主人の城壁なり」

そういったのは、中江兆民でした。社会が、ひとりでは生きていけず、信用ならないヤツが多いということを踏まえれば、その中で多少なりとも安心して生き抜いていけるのは、身近に家族という城壁を持つ人であり、「信用できる人は誰ですか」と問われたときに、即座に配偶者の顔が思い浮かぶ人なのです。

選択❶

妻と別れるという選択

「家族は信用できる存在であり、信用できる存在でなければならない」という点を踏まえれば、すでに結婚している人が、この先いい家庭を築いていくために取れる選択肢はふたつしかありません。

ひとつは、離婚して、新たに信用できそうな人と再婚するという選択肢です。とくに信用という点で配偶者を見直してみたところ、「この先も信用できそうにない」と感じるようであれば、35歳はまだまだやり直せる年齢です。信用できない相手と過ごしていくのに、残り50年という人生はあまりにも長いといえます。

離婚なんて考えられない――普通はそうでしょう。でもあなたの方は考えられなくても、妻の方は「考えられる」かもしれません。内心、あなたに失望していたとしたら、残り50年の人生を守るためには、「離婚もやむなし」と考えても不思議ではないからです。離婚のススメではありません。既婚者全員が持っている離婚という選択が、あるいは、その選

年齢階級別離婚率

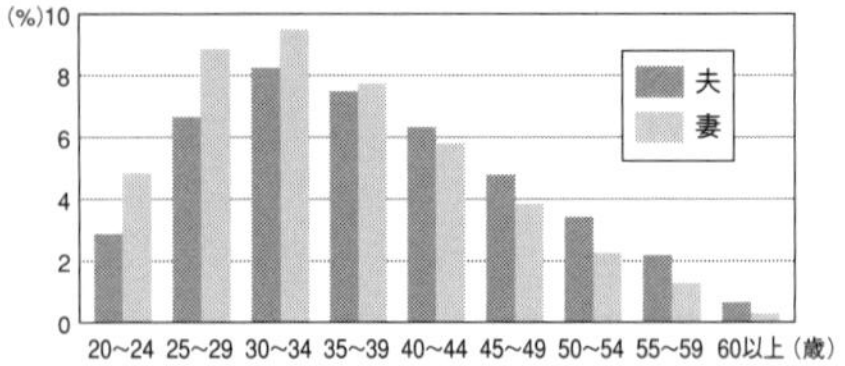

厚生労働省「人口動態統計」2006

択をできる自分についてあらためて考えてみることが、ときとして、残り50年を生き抜いていくための英断となる場合があるということ。離婚の気づきです。

35歳ともなれば、社会や人生に関するいろいろなことがわかります。ニキビ面の高校生だったころには考えもせず、理想論で武装していた20代のころには直視できなかった現実に、堂々と立ち向かえるようになります。

その中のひとつが、男も女もある程度の年齢になると、なかなか変わらないという現実です。もちろん、35歳は「ある程度」を超えた年齢です。

たとえば、昨日までギャンブルに狂い、借金にまみれていた人が、「今日から気持ちを入れ換えた」「もうギャンブルには手を出さない」といったとして、果たしてどれだけの人が生まれ変われるでしょう?

浮気が見つかり、土下座して許しを請うた人が、1ヶ月後にはまた浮気にいそしんでいるという現実を、35歳は経験則として知っています。なかなか治らないから、浮気「癖」といいます。バカは死ななきゃ治らないともいいます。

なかには、授かった子どもがほんとに自分の子なのか、妻が浮気してできた子ではないのかという疑念にとらわれ、DNA鑑定をしようかどうかネット上で相談している人もいます。もはや、カオスです。信用が裏打ちしない家族は、不幸以外のなにものでもないのです。

◉30代の3割が「離婚を考える」

男性は、30代の35%、40代の42%、50代の32%が「離婚を考えたことがある」。女性は、30代で45%、40代で54%、50代で51%と、男性よりもひとまわり多い。とくに50代での男女差が大きい。男性は、結婚生活が長くなるとともに安心し(あるいは、慣れ)、女性は不満を募らせていくということだろうか。(明治安田生命調べ/2007年)

参考までに記しておくと、08年の離婚件数は25万1147組（厚生労働省「人口動態統計月報年計」）であり、せいぜい年10万組ほどだった35年前から、2倍以上に増えました。もはや離婚が珍しい社会ではありません。離婚が人生に（大きな）ハンデを生む時代でもありません。ツバメがよりよい住環境を求めて、古い巣を捨てることがあるように、人だって、現在持っている巣が、社会を生き抜いていくために不十分なのであれば、それをあきらめることも前向きな人生戦略となりうるのです。

選択❷

つべこべいわず信用してみる

一方には、「配偶者を信用している」「信用していけそうだ」と感じている人がいます。多くが、おそらくそうでしょう。そんなみなさんがいい家庭を築いていくためには、もうひとつの選択肢があります。いまの結婚相手と信頼関係を築いて、維持していくことです。「信用できるかどうか、いまいちよくわからない」という人も、離婚という結論に急ぐ前に、信用しようと努力してみてもいいかもしれません。

「社会意識に関する世論調査」（内閣府／2004年）によれば、男性既婚者における配偶者への信頼度は、30代で59％だそうです。つまり35歳のみなさんが、現時点で配偶者を半分くらいしか信用していなくても、また配偶者から半分くらいしか信用されていなくても、それは

30代が信頼するのは誰？

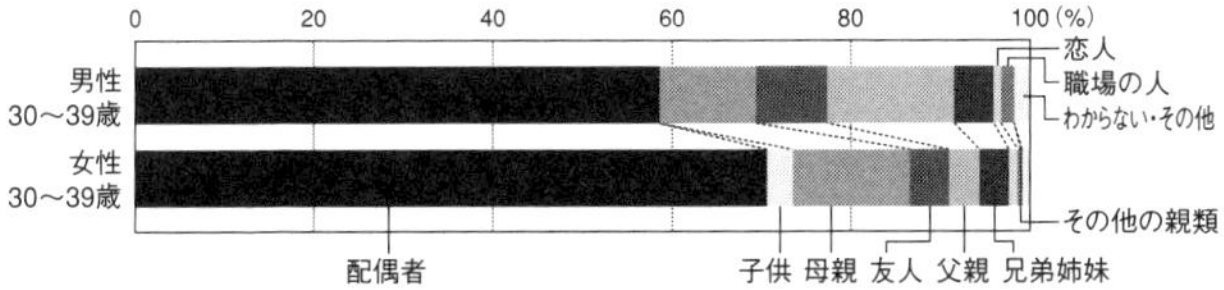

内閣府「社会意識に関する世論調査」2004

ある意味で普通だということ。結婚はそもそもが他人との共同生活から始まる日常ですから、出会ったその日からお互いを100％信用できることはないでしょう。

ところで、信用とはなんなのか。

金融業界において、信用は借金をする際の重要な指針として用いられます。具体的には、「信用ならないヤツにはお金は貸さない」という前提のもと、年収、年齢、勤続年数、ローン残高、ローン履歴といったことから、その大小を評価します。信用とはつまり、積み重ねによって築かれるものだということです。

一方には、ローン返済の遅延や小切手の不渡りといったことにより、簡単に吹き飛ぶという性質もあります。つまり、1日では築けないけれども、1日あれば吹き飛ぶという、取り扱いのむずかしいものが信用だということです。

重要なのは、配偶者に対する信用が、結婚した当初よりもいま、今日よりも明日、10年後より20年後といった具合に、年をおうごとに増していくかどうかです。増していかなければ、いくら結婚生活が長くなっても、出発点である「他人同士の共同生活」という域を出ません。つまり、家族が家族である根拠は、時間ではなく信頼度にあるということ。実際、同調査においても、配偶者への信頼度は、40代で76％、50代で81％、60代で84％と、年齢を重ねるごとに高くなっています。

で、あなたです。

あなたには、この先も配偶者を信用していけるという確信があるでしょうか。夫が夫として、妻が妻として未熟な部分があったとしても、そこに信頼関係を築き、維持していける自信があるでしょうか。

誰かを信用し、誰かに信用されているという実感は、ものすごいエネルギーを生みます。人には、信用を受けて奮起するという本質があります。そう信じるのは、青くさい理想論でしょうか。いえいえ、現実です。その本質の上にのみ、いい家庭が築かれるのです。

現状分析

独身者が着目するべきこと

みなさんが仮に独身ならば、それはそれで幸運といえるかもしれません。というのも、比較論でいえば、「すでに信用できるかどうかわからない相手」と結婚してしまった人が、その相手を信用できるよう努力するよりも、これから信用できそうな人を見つけ、結婚することの方が、簡単だからです。

じっさい、世の中には、信用できない相手と結婚してしまい、あるいは、結婚してから信用できなくなり、「ああ、しくじった」と嘆いている既婚者がゴマンといます。そういった失敗例を反面教師にできるという点において、これから「信用」をポイントに相手選びができる未婚者の方が恵まれているのです。

独身者の割合（年齢階級別未婚率）

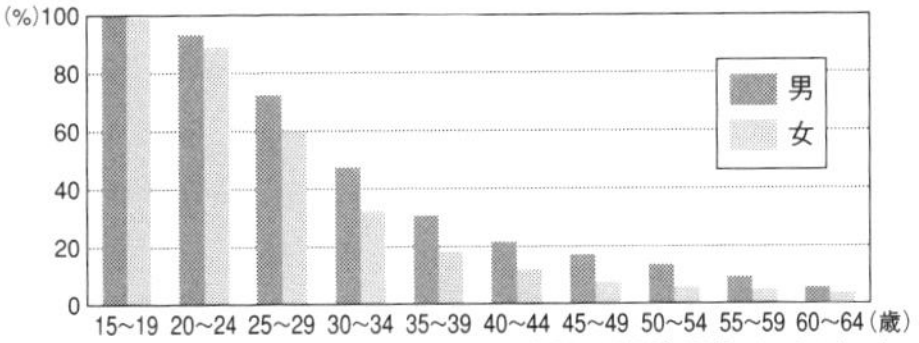

※離別・死別を除く結婚したことのない人。
総務省「国勢調査」2005

独身の方々をなぐさめているわけではありません。むしろ、よけいなお世話であることを承知の上で、警告しているのです。35歳まで待った挙げ句、いまさら信用できない相手をつかまないよう注意しましょうね、と。

とくに昨今は、「婚活」がブームとなり、多くの独身男女が、オシャレな結婚式を挙げることや、合コンでモテるテクニックといったことに焦点を当てるようになりました。現在独身の方々の中にも、日夜、そういった視点で相手探しにいそしんでいる人がいるかもしれません。

ぜひ、やめましょう。

相手の見た目の良し悪しよりも、趣味が合うかどうかよりも、重要なのは信用です。

「社会意識に関する世論調査」（内閣府／2004年）によると、「もっとも信頼できる人」として「恋人」を挙げた独身者は、男性で3・8％、女性で8・3％しかいません。一方、「配偶者」と答えた既婚者は、男女とも80％近くに及びます。このデータからわかる通り、恋人と配偶者は、信用度という点からみて、まったく別の存在です。恋人の延長線上に配偶者があることは間違いありませんが、その境界線は、婚姻届という紙切れ1枚だけではないのです。

では、ちょっと質問。

あなたは、恋人に100万円貸せますか？

ポイント

誰にも言えなかった悩みを相談できますか？
信用できない恋人が法的な配偶者となっても、それは家族のようであって家族にあらず。
これから結婚しようと考える35歳が重要視すべきなのは、相手の顔でも、好きな食べ物でも、おっぱいの大きさでもなく、信用するに値し、信用に応え、信用を裏切らない人かどうか、その1点なのです。

信用はお金で買える

昨今は、「経済力」で結婚を考える人が増えました。どの調査を見ても、女性が考える結婚の条件として「経済力」が上位に挙がるようになり、男性もそれに応えるようにして年収アップにはげんでいます。ついでに言うと、女性の多くは、結婚相手に求める年収として、「５００万円（以上）」という基準を持っているようで、それを受けて、男性の年収は「５００万円が妥協点」「５００万円が最低限」とまとめている調査もあります。

すると、年収がその基準に満たない男性は、腹が立ちます。「オレだって５００万円欲しいよ。でも、会社が４００万円しかくれないんだからしょうがないだろうが」と、顔の見えない女性一般に対して言いたくなります。

さて、なぜ経済力なのか。なぜ３００、４００では足りないのか。

女性が結婚相手に求める年収

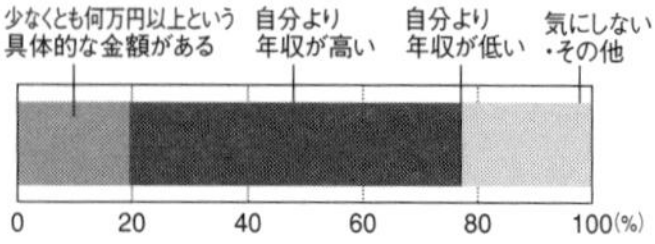

※未婚者アンケートによる。
経済産業省「少子化時代の結婚関連産業の在り方に関する調査研究報告書」2006

結婚生活や同棲生活をうまくやっていく上で大切なことTOP3

	1位	2位	3位
日本	夫または妻に対して誠実であること 56%	十分な収入があること 46%	子どもが健康に成長すること 38%
韓国	夫または妻に対して誠実であること 84%	十分な収入があること 66%	子どもが健康に成長すること 37%
アメリカ	夫または妻に対して誠実であること 83%	十分な収入があること 40%	性的魅力を持ち続けていること 36%
フランス	夫または妻に対して誠実であることと 77%	性的魅力を持ち続けていること 40%	共通の趣味や興味を持っていること 31%

※複数回答。内閣府「少子化社会に対する国際意識調査」2005

ここでいったん世界に目を向けてみると、結婚生活を円滑に送る上で大切なのは、夫や妻に対する「信用・信頼」だと、日本を含む先進各国の人々は考えています（内閣府「少子化社会に関する国際意識調査」2005年）。しかし、その割合には国民差があり、「信用・信頼」が第1だと考えている人は、フランス、アメリカ、韓国では80％前後の人に及びますが、日本では56％です。

では、「信用・信頼」に負けず劣らず、日本人が重要視している第2位はなにか。「十分な収入」です。

日本人が、「信用・信頼」を軽んじているということではありません。日本人（というか、みなさんや、みなさんのまわりにいる女性たち）は、「十分な収入」というかたちを、信用できるかどうかの判断材料とし、「信用・信頼」度を測る際のバロメーターとしているということです。じっさい、日本では景気が良くなると離婚が減り、悪くなると離婚が増えるという現象が見られます。

当たり前のことですが、幸せな結婚生活をし、強い夫婦間の信頼を築いていくためには、「ある程度」の経済力が不可欠です。その「ある程度」が、「年収500万円」であると、世の女性は言っています。だから、500万円という基準は、男性にとっても重要な数字であり、仮にみなさんの年収が400万円でも、「あと100万、なんとかならないだろうか」と模索する姿勢を怠ってはいけないのです。

いまさらですが、経済力とは、稼ぐ力という意味であり、その「力」の根幹は、稼ぐ才能だけでなく、稼ぐための気力や努力も含みます。その点を踏まえれば、同じ年収400万円でも、「はいはい、オレに500万は稼げませんよ」とあきらめる人と、「あと100万、なんとかならないだろうか」と取り組む人とでは、経済力という力の程度は少しちがいます。後者の方が、稼ぐ力が大きいからです。

女性が言う「経済力が大事」という場合も、その言葉の中には、年収として示される経済力（結果としての経済力）だけでなく、少ないなら少ないなりに、現状を改善するためにどうにかしようとする気力や努力の部分での経済力（ポテンシャルとしての経済力）が含まれているのです。

データ

年収が低いほど幸福度は高い

ここで重要なのは、幸せな結婚生活を築くために、「ある程度」のお金が必要であり、それ以上は、とくに必要ではないということです。「ある程度」の程度には個人差がありますが、ようするに、お金があるほど幸せになるという考え方は間違いだということです。

ほんとかよ？　と疑う方は、まわりを見渡してみるといいでしょう。そこには、夫婦ともに懸命に働きつつも、なかなか生活レベルが豊かにならない家庭が、結構楽しく生活し

生活満足度及び1人あたり実質GDPの推移

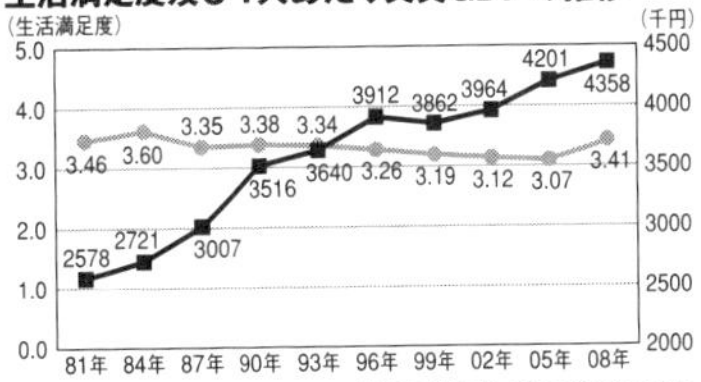

内閣府「国民生活選好調査」2008

ているというケースがいくつも見つかるはずです。

数値的なデータとしては、「結婚相手を愛しているか」という問いに対し、「愛している」と答えた比率が、年収300万円未満の夫婦で49%、800万~1000万円で33%だったという調査結果（MDRT日本会／2007年）もあります。夫婦のきずなを強くするのは、信用であり、経済力ではありません。「信用は黄金よりも尊い」というイギリスの格言にあるとおりです。

経済学においては、たしかに収入が高い人ほど、幸せになれる可能性が高いという前提があります。しかし、それは理屈の話であり、実態はちがいます。たとえば、イチロー・カワチ氏というハーバード大学教授によれば、国民ひとりあたりのGDPが1万ドル程度に達するまでは、所得と幸福度が比例しますが、それ以上になると、所得が増えても幸福度が上がらなくなるといいます。ちなみに日本のGDPは、1人あたり3万ドル以上です。

また、所得が幸福度に寄与するのは、所得の絶対量（いくらもらったか）ではなく相対的な量（他人と比べてどうか）であるという論もあります。これを「幸福のパラドックス」とか、「イースターリンのパラドックス」と呼びますが、リチャード・イースターリン氏によれば、少なくとも先進国では、所得と幸福度に相関がないといいます。

みなさんはおそらく、20代前半から働きはじめ、現在までの間に、大きく所得が増えたはずです。20~24歳の平均年収は271万円、35~39歳男性の平均年収は約560万円（国税庁「民間給与実態統計調査」07年）ですから、ほぼ2倍に増えています。

では、みなさんは当時より2倍幸せになったでしょうか？

そんなことはないでしょう。それが、お金と幸福度のパラドックス（＝矛盾）であり、結婚生活においても同じことがいえるのです。

みなさんが35歳であることを踏まえれば、年収に着目する必要性はさらに低くなります。なぜか。たとえば、35～39歳男性の平均年収は約560万円ですが、平均はあくまで平均であり、それ以下の人もたくさんいます。調査においても、金融、保険、情報通信業は高く（いずれも600万円以上）、飲食、宿泊、農林水産業は低め（いずれも200万円台）という傾向が出ていますし、日本はアニメの国だといわれつつも、この業界における平均年収は、30代で213万円だといいます（日本アニメーター演出協会調べ）。

みなさんがまだ20代だったすれば、平均値を踏まえ、年収アップに取り組む効果はあったかもしれません。しかし、35歳ともなれば、この先自分がどれくらいの年収になるか、ほぼ確実にわかっています。仮に現時点での年収が平均値に満たなかったとしても、悲しいかないまさら人生をドラスティックに変えられるほど若くはありません。この先も高収入でいられるという保証はどこにもありませんし、かつてのように右肩上がりの収入が見込める時代はすでに過去のものとなっています。

ようするに、20代と35歳とでは、生き方がちがうということ。参照するデータもちがえ

◉幸福はやはりお金か

お金があるから幸せってわけじゃないというのが幸福のパラドックス。経済学者の間でさまざまな議論があるが、「やっぱりお金だ」という説もある。

ふたりの経済学者、スティーヴンソンとウォルファーが唱えている。各国の購買力平価で調整した一人当たりのGDPと生活に対する満足度の関係は、GDPが高いほど、満足度が高いとする調査結果だ。

ただ、GDPが低くとも満足度の高い国はあり、ブラジル、コスタリカなどの中南米に集中している。ちなみに世界で一番幸福な国はデンマークとなっている。

ば、取るべき戦略もちがいます。20代の青年には、平均を目指して奮起することが求められ、35歳の中年手前には、現実を踏まえ、その中にある最善を選ぶという戦略が求められます。だから、「ある程度」の年収を確保するための努力は必要ですが、それ以上を目指しても、少なくとも結婚生活の幸福度を上げるという点においては、効果が小さいのです。

未来予測①

10年後に待っている生活

ふりかえってみれば、20代のころは、目の前の恋人や配偶者を見て、目の前にある課題を処理していけば、なんとか生活が成り立ちました。いまを生きていたといっても過言ではないでしょう。しかし、35歳ともなると、そうはいきません。先を見る目が求められるようになります。具体的には、10年後を見る目、25年後を見る目です。

では、10年後のオレ、ボク、ワタシには、どのような生活が待っているのでしょうか。

まず、親が老いるという問題が出てきます。

現在35歳であるみなさんの親は、だいたいが60歳前後であり、まだまだ現役で働いている人も少なくありません。マーケティングの世界においても、彼らはアクティブシニアと呼ばれ、精力的であり、元気です。「労働力調査」（総務省統計局／2006年）においても、60～64歳で働いている人（男女計）は53％に及びます。

両親の生存割合

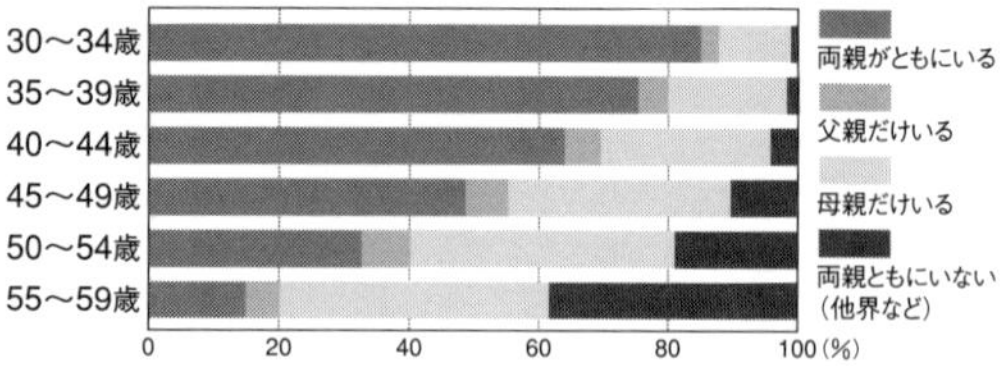

リクルート住宅総研「家族観、住まい観に関する世代別価値調査」2006

しかし、です。10年経ち、70歳になれば、彼らも立派な老人です。東京都の調査においても、65〜69歳で働いている人は35%ですが、70歳以上では13%にまで減っています。

つまり、70歳くらいになると、人並みに働いたり、自分だけの力でなにかをすることがむずかしくなり、自意識的にも社会意識的にも老人らしい老人になるということ。10年後のみなさんは、彼ら老人の世話をするという責任を果たす立場になります。冒頭で紹介した「97%の人が家族を信用している」という中の「家族」には、配偶者だけでなく、自分の子どもも入りますし、親も入ります。また、この数値は、われわれが親を信用しているということであり、同時に、親がわれわれに世話をしてもらえるだろうと信用しているということでもあるのです。

ここで重要なのが、みなさんの親が、結婚を機に2人から4人になる（なった）ということでしょう。親族の数も、単純計算で2倍になります。結婚に伴う責任とは、自分の親を思いやるように、配偶者の親を思いやるということ。それが結果として、配偶者との信頼関係を深めることにもなります。

さて、誰が、どうやって、親世代の世話をするのか。そのためのお金はどうするか。

必要となる労力やお金は、親の健康度合いや資産状況（持ち家や貯金があるかどうか）などによって人それぞれですが、まずはそういったことを配偶者と話し合わなければなりません。遅くとも10年以内には、方針と対策を求められるからです。

簡単に言えば、いまを楽しみ、いまに苦しむだけの繰り返しでは、このさきに待っている苦難を乗り越えられないということ。10年以内には、自分たち夫婦のことはふたりでやるという自己責任のレベルから、夫婦以外の人の世話をする余力を持つというレベルに達していなければならないということです。

10年後の生活について、配偶者と話し合うことはありますか?

ちなみに、「10年後の将来設計を夫婦で話し合っていますか?」という質問に対し、「よく話し合っている」「少しは話し合っている」と回答した人の割合は、幸福度が30点未満の夫婦では12%ですが、幸福度が70点以上の夫婦では60%に及びます。

未来予測❷

25年後に待っている生活

親の世話について考えるという責任は、当然ながら、親が死ぬまで続きます。期間はおそらく、あと25年ほど。みなさんが、いまの親世代の年齢になっているころです。

では、25年後の生活はどうなっているのでしょうか。

この点については、いま、親世代がやっていることを参考にすれば、だいたいの予想がつきます。

みなさんが60歳前後になるころには、親世代は80歳を超え、いよいよ介護が現実的な問

高齢者世帯の平均所得と構成割合

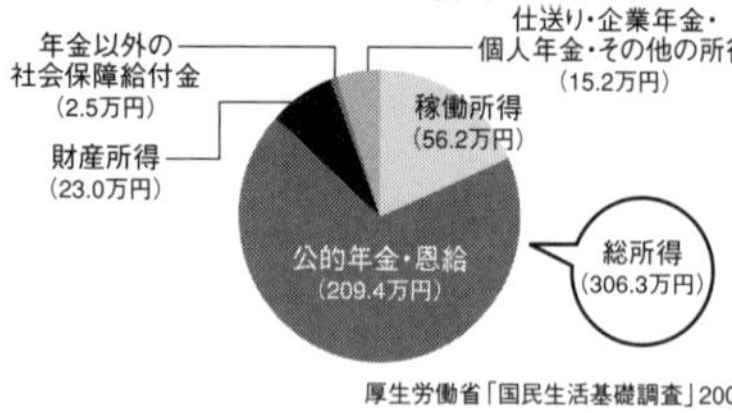

厚生労働省「国民生活基礎調査」2007

題となります。内閣府の調査によれば、現在60歳前後である親世代の70％が、彼らの親（われわれの祖父母世代）の介護問題に不安を感じているそうです。実際、08年度に介護保険サービスを利用した人は４５１万６４００人（厚生労働省「介護給付費実態調査」）となり、過去最多を更新し続けています。

幸いなことに、親世代には小金持ちが少なくありません。世帯人員ひとりあたりの可処分所得（所得から税金と社会保険料を引いた「自由に使えるお金」）を見ると、世帯主が65歳以上の世帯では平均１８３万円もあり、世帯主が40歳代の世帯を上回っているという調査もあります。

しかし、親に収入がなく、資産もなければ、介護にかかる経済的な負担がまるまる60歳のみなさん夫婦にのしかかってきます。金額的な負担は、在宅介護の場合で、月平均４～５万円。介護施設を利用する場合は食費などを含めて月平均10～20万円くらいです。ちなみに、「手間のかかることは妻に任せよう」なんていう考えは、おそらく通用しません。男性が親を介護する割合は年々増加傾向にあり、現時点ですでに、４人に１人となっているからです。

一方には、やがて確実にやってくる自分と妻の老後問題があります。それはつまり、老後の生活費を温存しておくだけでなく、病気をした際の治療費や、老人ホームに入る場合の入居費などを準備しておく必要性に迫られるということです。

この時点ですでに、相当な経済的負担がかかってくることが予想されます。なかには、親の財産をアテにしている人もいるかもしれません。参考までに、将来、夫側の親から財産の相続や贈与を受けると思っている人は、30代後半で36%。妻側の親から受けると思っている人は23%だそうです（明治安田生活福祉研究所「30・40歳代既婚者の生活設計に関する意識調査」2007年）。

困ってしまうのは、相続に期待できない人です。借金総額約800兆円という国からは手厚いサポートが期待できませんから、頼みの綱は、自分がこれから25年で貯めるお金ということになるでしょう。

ひとつ忠告しておくと、「定年したときはそのときで、退職金と年金でなんとかしよう」という考えは、やめておいた方がいいでしょう。というのも、親世代はまもなく、退職金をもらい、比較的豊かな経済状態で定年することができるでしょうが、みなさんが定年する25年後に、同じような恩恵を受けられるかといえば、それはきわめて怪しいからです。ならば、どうするか。それを今夜、夫婦で話し合ってみましょうという話です。

ポイント❶

キスとセックス

親世代に対して果たす責任について考える一方、みなさんには、これから配偶者とともに社会に生み出していく新しい家族についても考える責任があります。ようするに、子づくりであり、夫婦から家族への進化です。

そのためにはまず、配偶者との仲を深めなければなりません。

では、少々聞きにくいことを聞きます。

既婚者のみなさん、毎日配偶者とキスをしていますか？

独身のみなさん、毎日キスをする夫婦になりたいと思いますか？

ある調査によると、毎日キスをしている夫婦は平均で21%だそうです。

たしかに、毎日ともなるとなかなか大変なことです。コンビニですら、毎日利用する人は19%。朝食をほぼ毎日取る人だって71%しかいません。しかし、夫婦仲を深めるヒントは、ここにあるかもしれません。というのも、毎日キスをする夫婦の割合は、幸福度が高い（70点以上）夫婦では30%に及び、低い（30点未満）夫婦では6%にとどまっているからです（MDRT日本会／2007年）。

ちなみに、日本におけるキスの歴史は、「今昔物語」にまでさかのぼります。旧約聖書に描かれたアダムとイブのキスには及ばないとしても、キス（当時は「口を吸う」と表現したそうですが）は外国人特有の愛情表現ではなく、日本人にとっても、平安時代から続く伝統なのです。また、人はキスをするときに筋肉が動くため、血液循環がよくなるそうです。アメリカの調査期間によれば、キスをする人は、しない人よりも病気になりにくく、5年ほど長生きするという報告もあります。

さて、さらに聞きにくいことを聞きますが、セックスはどうでしょうか。

◉夫は妻に片思い

ペットを含む家族の写真を持ち歩いている人の割合は、37%。微笑ましい話だが、よく見ると、結構切ない。写真の内容は、男性が「子ども」（63%）、「妻」（43%）、「ペット」（27%）であるのに対し、女性は「子ども」（54%）がトップで、次いで「ペット」（34%）、「夫」（25%）と順位が入れ替わっている。結婚後も、男は「片思い」なのである。（博報堂生活総合研究所調べ）

1年間のセックス回数が多い国TOP5

1位	ギリシャ（164回）
2位	ブラジル（145回）
3位	ロシア（143回）
3位	ポーランド（143回）
5位	インド（130回）
最下位	日本（48回）

平均は106回

※世界26ヵ国対象。
デュレックス社「Sexual Wellbeing Global Survey 2007/2008」

MDRT日本会の調査によれば、夫婦間におけるセックスの頻度は平均月1・94回ですが、やはり幸福度が高いと感じている夫婦ほど、頻度が高いという結果が出ています。

一般に、日本人は性生活に関して淡白であるといわれています。日本大学人口研究所と世界保健機関（WHO）の調査によれば、日本のセックスレス（1年間性交渉がない）夫婦は、30代で14％、40代で21％です。

しかし一方には、『2006年ポルノグラフ統計』というアメリカの調査に、日本のポルノ産業の売上高が、世界3位（199億8000万ドル）であるという報告があります（ちなみに1位は中国、2位韓国、4位アメリカ）。国内におけるソープランドの市場規模は9819億円、デリヘルはなんと2兆4000億円、まったく違法である援助交際においても、その市場規模は98年で5700億円（浜銀総合研究所）に達しているという試算もあります。

この点からわかるのは、日本人の「性」の積極性は、夫婦間におけるものにおいては貧弱ですが、夫婦外におけるものにおいては世界トップクラスであるということ。つまり、決して淡白なわけではなく、むしろ十分に意欲的で、素質もあるのですが、それが配偶者に向いていないということです。

すると、夫婦仲を良くする非常に簡単な方法を思いつきます。軌道修正です。

キスやセックスなどのコミュニケーションは、家庭の外に求めるから、「アンタ、なんなのよ」「不潔」「死ね」となり、信用を損ねます。しかし、家庭内にいる配偶者に向ければ、夫婦の幸福度を高めるもっとも身近な手段なのです。

ちなみに、夫婦で別のベッドで寝ている人の割合は、30代で17％、40代で23％、50代で31％と、年齢とともに増えます（パラマウントベッド「睡眠に関するアンケート調査」2008年）。老化による精力の衰えを含め、物理的に夜の営みがしづらくなり、あるいはできなくなる日が、あと15年もすればやってきます。したくてもできなくなるという、生き物としてある種の役目を果たせなくなる日です。ならば、いまやらなくて、いつやるのでしょう。夫婦仲を深められる期間は限られているのです。

ポイント❷

夫婦円満のひけつは口八丁手八丁

夫婦仲を深めるために、さらに日常的に取り組めることもあります。

たとえば、会話の時間を持つことです。夫婦とは、「あうんの呼吸」で、言わずもがな察するという関係が理想ではあっても、言いたいことは口にしたほうが伝わりやすく、誤解が生じる可能性も少なくなります。察するのを待つよりも、言った方が早いのです。

では、世間の夫婦は、どれくらい会話をしているのか。

明治安田生命の調査によれば、4人に1人が、平日の会話時間が0～30分以下なのだとか。配偶者に対して愛情を感じている人の割合は、全体で85％（「十分に愛情を感じている」と「まあまあ愛情を感じている」の合計）なのですが、会話時間が「30分以上」の夫婦では、その割合が95％と高くなり、一方、「30分以下」の夫婦では、愛情を感じていない人（「あまり愛情を感じていない」と「ほとんど愛情を感じていない」の合計）が38％に及びます。会話とはつまり、夫婦仲のバロメーターなのです。

「今日は涼しい」「帰り道に犬がいた」といった花鳥風月の報告だって、投げかけてみれば、そこでなにかが生まれます。会話とはつまり知性ですから、気に障ったらすみませんが、「へえ」「ふうん」といった受け答えしか出ない夫婦には、会話が足りないのではなく知性が足りないのかもしれません。

ちなみに、女性がもっとも愛情を感じる言葉は「ありがとう」で、「愛してる」の約4倍。男性は「ご苦労様・お疲れ様」にもっとも愛情を感じるそうです。会話が面倒であれば、たったひとこと声をかける。それだけでも夫婦仲は深まります。みなさんが持つ口は、食事をするためだけにあるのではないのです。

◉夫婦円満のひけつ

夫婦円満のためにしていることを聞いた調査（明治安田生命調べ／2007年）によると、もっとも多いのは、「話を良く聞く」で56％。次いで、「感謝の気持ちを忘れない」（53％）、「相手を信頼する・むやみに疑わない」（39％）、「干渉し過ぎない」（35％）、「絶対に不倫、浮気をしない」（34％）など。逆を言えば、これら5項目を軽んじることが、不仲への第一歩になるということだ。

ポイント③

ケンカする前に仲直りを知る

夫婦仲という点でいえば、ケンカはしないにこしたことはありません。もめごとは避ける。機嫌が悪そうな人には近づかない。それがオトナの知恵です。孟子の「君子危うきに近寄らず」であり、英語では、「寝ている犬は寝かせとけ」といいます。

夫婦関係を漢字一字で表すと?

結婚当初		結婚年数 5年以内		結婚年数 6〜10年		結婚年数 11〜15年		結婚年数 16〜20年		結婚年数 21〜25年		結婚年数 25年超	
1位	幸	1位	幸	1位	安	1位	安	1位	忍	1位	安	1位	和
2位	愛	2位	安	2位	協	2位	絆	2位	安	2位	絆	2位	安
3位	安	3位	楽	3位	楽	3位	楽	3位	幸	3位	忍	3位	絆
4位	楽	4位	笑	4位	絆	3位	協	3位	和	4位	和	4位	協
5位	笑	5位	忍	5位	忍	5位	幸	3位	絆	5位	協	5位	忍

明治安田生命「『いい夫婦の日』に関するアンケート調査」2008

しかし、人と人とが共同生活していく上では、たとえ夫婦であっても、意見のちがいが生じることがあります。それが原因でケンカに発展することもあります。そういう現実の上に夫婦という関係が成り立っているということを踏まえて、さて、みなさんは、ケンカのなにを知っておくべきなのか。

答えはひとつ。ケンカのあとの処理方法です。つまり仲直りの方法です。

「夫婦喧嘩も性行為も、挑まれればいつでも受けて立つべきものである。それが夫婦のエチケットである。夫婦円満の秘訣はそこにあるのである」

そういったのは、作家の佐藤愛子先生でした。受け身が取れるから柔道ができるように、仲直りの方法を知っているから、堂々とケンカを受けて立てるのです。

では、どうすればあと腐れなく仲直りできるのか。

結婚情報センターの調査によれば、配偶者とケンカしてから仲直りするまでの時間は、「寝て、起きたら仲直りしている」がもっとも多く、次いで「即日」の順。ケガをしたらすぐにバンドエイドを貼るのと同じで、亀裂はすぐに埋めることが大事だという世間様の知恵です。また、バンドエイドを貼る係については、仲直りするときに「夫」が歩み寄るケースが64%、妻が36%なのだとか。3人に2人、あるいは3回に2回は、夫が折れるということです。64%のケースで、夫がケンカの原因になっているのかもしれません。

こうした実態から見えてくるのは、ケンカを始めるには勇気(や勢い)があれば十分ですが、ケンカを終わらせるためには、譲歩したり、感情をコントロールするといった賢さが必要だということでしょう。勇気だけで山登りすれば、間違いなく遭難します。無事に帰ってこられるのは、帰り方を知っている賢い人だけだということです。

現状分析

たしかに子育てにはお金がかかるが……

新しい家族を社会につくりだしていくという点で、もっとも大きな課題となるのが子どもです。これについては、つくるかつくらないか、という判断から育て方に関することまで、ちくいち大きな問題となります。

35歳ともなれば、すでに子どもを持つ人もいれば、つくるために努力している人も少なくないでしょう。あるいは、すでにいらないと決めている人もいるかもしれません。いずれにせよ、なんらかの形で考えているはずです。平均初婚年齢や女性の第1子出産年齢から見ても、子どもに関する意識調査からみても、35歳は、結婚適齢期から、親となる適齢期に移っているからです。

さて、親となる適齢期になり、最初に着目するのは、おそらく「経済的」な問題でしょう。つまり、子どもを育てていくために必要なお金があるかどうか。

さきにデータを紹介しておくと、子どもひとりを育てる費用は、すべて公立で通わせた

子どもを産み育てやすい国かどうか

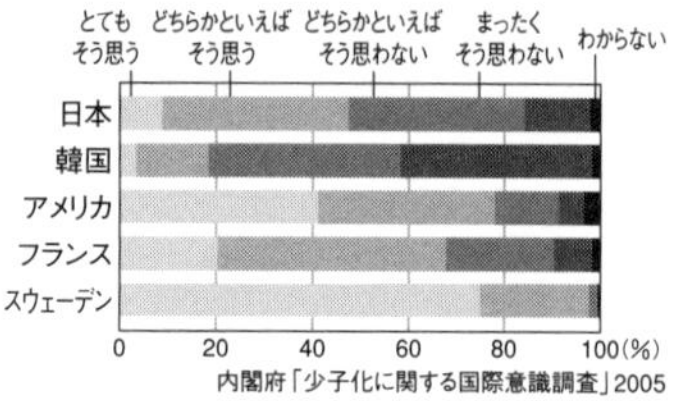

内閣府「少子化に関する国際意識調査」2005

場合でも、大学卒業までの教育費だけで1000万円ほど、養育費は1600万円かかります（詳しくは「お金」の章をご覧下さい）。一方には、スウェーデンのように、子どもが16歳になるまで、授業料も、給食費も、鉛筆1本分すらコストがかからない国もありますが、人口1億2000万人の日本と、わずか900万人のスウェーデンとでは、事情がまったくちがいます。

　こういう実態があるせいかどうか、結果として、子どもを持つ上での経済的な不安は、高齢出産の増加や少子化につながっています。35歳女性の平均出産人数は、「2人以上欲しい」と希望する人が90％に達しているにも関わらず、じっさいはひとり未満（10年前は1・5人）に減っていますし、その理由として、60％前後の人が、「経済的な負担の大きさ」を挙げています。

　たしかに、子育てにはお金がかかります。みなさんも、お金に関する不安を感じているひとりかもしれません。

　でも、それって果たして、考えてどうにかなる問題なのでしょうか？

対策

お金のことを考えても結論は出ない

では、「もし」の話をします。

もし、あなたが「子育てしていく上での経済的な不安」を持っており、しかし、現状として400万円以上の年収があるのだとしたら、それは取り越し苦労かもしれません。じっさい、周囲を見渡せば、年収400万円台でも立派に子育てしている家庭がありますし、「国民生活白書」（内閣府／2005年）においても、年収400万円以上の世帯では、「子どもの数と年収との間に明確な相関は見られず」とあります。「多くの子どもを育てるために必ずしも所得が高くなければならない訳ではない」ともあります。

もし、あなたが「400万円では不安」と感じており、「もう少し増えたらつくろう」と考えているとしたら、その「待ち」の判断は、なんの解決にもつながらないかもしれません。というのも、詳しくは「仕事」「お金」の章でも述べていますが、みなさんの所得は、この先、思っているようには伸びないからです。機が熟すのを待っていると、熟すことのないまま40代に突入し、決して望んでいなかったはずの子どもなしの人生へと流されていく可能性が高いということです。

ようするに、経済的なことに着目すると、余計な不安がふくらみ、「世の中に絶対はない」ということを忘れるか、余計な期待がふくらみ、時間をムダにする可能性が増すということ。お金の問題はお金でしか解決できません。したがって、お金がない人が、お金のことを考えても、お金が手に入らない限り、根本的な解決には至らないのです。

ここで考えてみる必要があるのは、子どもをつくるかどうかを判断する際の着目点として、経済的な問題よりももっと大事なことがあるのではないかということです。

たとえば、妻がどう思っているか、です。

子どもを生むのは妻ですから、肉体的な負担も、子育てのためにいったん（あるいは、永遠に）会社員としての生活を離れるというリスクを背負うのも妻です。だから、聞き出さなければならないわけです。果たして妻は、お金の話は別として、欲しいのか、どうなのか。

もし「欲しくない」のであれば、男は、子育てのためにお金を準備するというプレッシャーから解放されます。

もし「欲しい」のであれば、そのために必要なお金を家に持ってくるのは、男であるあなたの責任であり、それが難しい場合には、妻にも働いてもらい、あなたはその分、家事を手伝うという選択もあります。

もし「わからない」のであれば、妻の年齢にもよりますが、早々に決断しなければなりません。出産による肉体的なリスクは、年齢とともに大きくなります。もし妻も35歳だとすれば、現状を憂いたり、愚痴ったりしてムダに費やしていい時間はありません。いま手元にある情報（年収とか、今後の見込みとか）をもとに、判断し、決断しなければなりません。

迷ってしまいますね。もう少し考えたいですね。

◉35歳以上は高齢出産
統計上、あるいは医学的にも、女性が35歳以上で子どもを産むケースが高齢出産と呼ばれる。
マドンナが38歳でひとりめを、42歳で第二子を生んだりするなど、スターの高齢出産を知ると、増えているように思えるが、実際はレアケース。日本の35歳以上での第一子出産は全体の5％程度である。

でも、だめです。それがつまり、適齢期であるということです。

データ

子どもを持つと幸福になる

もうひとつ、着目してみるべきことがあります。それは子どもを持つと、人生が変わるということです。

どう変わるのか。

一般論では、「幸福度が高まる」といえそうです。

子どもが幸福度を高めることの裏付けとして、たとえば、現在子どもがひとりいる人の78％、ふたりいる人の41％が、「さらにもうひとり欲しい」（「欲しい」と「どちらかといえば欲しい」の合計）と回答しているデータが挙げられます。ようするに、子どもにお金と手間と時間と労力がかかることを実体験として知っている人の多くが、「それでもなお欲しい」と感じているということです（第一生命経済研究所「景気見通しと結婚・出産意欲の関係」２００８年）。ちなみに、現在子どももひとりの人については、今後の景気が良くなると思っている人も悪くなると思っている人も、出産意欲はほとんど変わりません。

また、「企業年金ノート」（りそな信託銀行２００７年）によると、「子ども・孫・親などの家族・家庭」が生きがいであると答えている人はもっとも多く、58％。「仕事」の32％を上回っています。それがつまり、子どもを持つ人の本音であり、実態であり、幸福度の証明なのです。

こうしたデータからわかるのは、想像することと体験することとは、まったくちがうということです。富士山のてっぺんまで行くということに対して、たいていの人が大変だと思い、一方で、素晴らしい景色が見られるだろうと想像します。しかし、ほんとにその大変さと素晴らしさを感じられるのはじっさいに登った人だけであり、登ってみたら、意外と多くの人が、大変だった道程よりも素晴らしかった景色のほうが印象に残ったということです。

みなさんは登ってみようと思いますか？

それとも大変さと素晴らしさを想像するだけにしておきますか？

登頂するためには、頑丈なトレッキングポールや分厚くて軽い防寒具があったら便利です。しかし、いま持っていなければ、もう手に入りません。手元にある装備で、さてどうするか。そこを考えるのが35歳からの家族計画なのです。

事実

子どもはネコではない

子どもが、持つことによって幸福度が高まり、「生きがい」にもなるのだとすれば、持

男性も知っておくべき乳児期～幼児期の子育て基礎知識

★……男性が手伝えるポイント

時期	月齢	成長とおせわ		食事	
乳児期（0～2歳頃）	0歳1ヵ月	おなかがすくと泣く→満腹になったら眠るを、2～3時間おきに繰り返す おしっこは1日に10回以上	★生後1ヵ月はベビーバスで入浴 外出は1～2ヵ月を過ぎてから	授乳（母乳・ミルク）	2～3時間おきの授乳 ★育児に慣れていないママの精神的ケア
	0歳2ヵ月	眠っているときと起きているときがはっきりしてくる 顔をじっと見る、動くものを目で追う 声に反応する	窓を空けて外気浴　★おむつ替え ★首がすわっていないので、抱っこのときは首の後ろを支えてあげる		夜の授乳回数が減り、ママも続けて睡眠がとれる
	0歳3ヵ月	体つきが赤ちゃんらしくなり、ぽっちゃりしてくる	★短時間の外出		授乳は昼間3～4時間おきに5回ほど、夜間2～3回
	0歳4ヵ月	首がすわる あやすとわらうようにる	お昼寝は午前、午後に各1回で、あとは起きているように生活のリズムをととのえる		
	0歳5ヵ月	寝返りをする　ものをつかむ 手をついておすわり 人見知りがはじまる	★長時間の外出		
	0歳6ヵ月	「あー」「だー」など喃語のパターンが増える 最初の歯が生える	★「高い高い」をよろこぶ	離乳食	離乳食スタート（最初は1日1回）
	0歳7ヵ月	はいはいをする 指先を使って物をつかむ	★「いないいないばあ」をよろこぶ ★机を叩くなど、簡単なことなら大人のまねができる		1日2回の離乳食を定着させる。ドロドロのものから粒のあるものへ
	0歳8ヵ月	つかまり立ち 伝い歩き	★「ちょーだい」と手をさし出す ★名前を呼ぶと振り向く		好き嫌い、遊び食べ、ムラ食いが目立ちはじめる
	0歳9ヵ月	上手に物をつまめる コップを両手で持つ	夜泣きがはじまる 後追いが見られる		食べられる食材の種類が増えてきたら、1日3回の離乳食へ。授乳は朝晩の2回程度
	0歳10ヵ月	歩きはじめる イヤイヤと首を振る	3回の離乳食とおやつ、散歩、昼寝、お風呂で生活リズムを一定に保つように心がける		ストローを使ってお茶やミルクを飲む練習
	0歳11ヵ月	★絵本などで指をさすようになる 「ワンワン」「ブーブー」のような言葉が出てくる			1歳～1歳半頃を目安に卒乳
	1歳	ひとりで歩きはじめる ★「ちょっと待っててね」「○○○取ってきて」などの簡単な言いつけができる			必要な栄養のほとんどを離乳食からとれ、形のある食べ物をかみつぶして食べられるようになったら、離乳食完了
	1歳3ヵ月	しっかりした足取りで歩き、転ぶことが少なくなる 小走りになる	奥歯が生えてくる子が多くなるので、寝る前にひざの上に子どもを寝かせて子ども用の歯ブラシで歯磨きを		
	1歳6ヵ月	積み木を積むのが上手になる ★かんたんなままごと遊びがはじまる			
	1歳9ヵ月	「ワンワン、いた」「これ、取って」のような二語文を話す 話せる単語の数が少しずつ増えてくる	日常の挨拶、歯磨き、手洗い、洗顔など基本的な生活習慣を教えていく	幼児食	塩分は控えめ、固いもの、熱いものを避けるなど調理に配慮
幼児期（2～5歳頃）	2歳	おむつはずれ　走りはじめる 絵本を1ページずつめくれる　イヤイヤ期 トイレトレーニング	★衣服の着脱 乳歯が生えそろってくるので、歯ブラシで歯を磨く習慣をつける		必要に応じておやつをあたえる
	3歳	階段を元気よくのぼれる 幼稚園入園			好き嫌いや食欲のむらが見られるようになる
	4歳	片足ケンケン、スキップができる ★○○ごっこ遊びが好きになる	★幼稚園の送り迎え		
	5歳	★長時間（2～3km）歩ける			

※子どもの成長には個人差があります。

子どもの携帯電話所有率

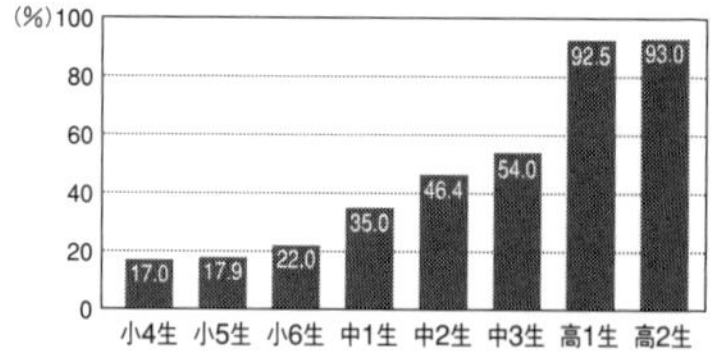

ベネッセ教育研究開発センター「第1回子ども生活実態基本調査報告書」2004

つに越したことはありません。しかし、子どもに関する大変さは、持つことではなく、育てることにあります。

世間の親がしているように、子どもにケータイ、パソコン、DSを買い与えるのは、簡単です。やったらやったで、なんとなく親の役目を果たしているように思えます。あるいは、いくら親でも、子どもの人生が幸せになるようコントロールすることはできませんから、せめて周辺環境を整えてやることで、親の責務を果たしていると実感できます。

しかし、それを「育てる」と呼んでいいものか。

ある調査によると、保護者のほとんどが、子どもが使った携帯電話の利用料金を把握しています。しかし、利用している時間やサービスについて把握している親は半数以下、登録しているサイトや電話帳の中身を把握している人は10％ほどしかいないそうです。

なんだか、ネコを飼う感覚と似ています。

月々のエサ代がいくらかは把握していても、昼間どこへ出かけ、どんなネコと会っているのかは知らない。どの道の、どの木陰で寝ているのか、どこの家の庭をトイレにしているのかもよく知らない。そういう感覚です。ネコは、飼い主のほとんどが口をそろえて、飼うのが楽だといいます。与えるものだけ与えていれば、ある程度は自立して、勝手に成長してくれるからです。

最大の問題は、子どもがネコではないということです。

わかりやすくいえば「飼う」のは簡単、「育てる」のはむずかしいということです。では「育てる」とはなんなのか。簡単にいえば、自立させるということです。そのためには、当然ながらケータイを買い与え、利用料金を払ってやる以上の手間がかかります。

さて、その手間をかける作業を果たしてみなさんは幸福だと思えるかどうか。子どもを持つかどうかの判断はお金云々ではなく、この問いに「イエス」と答えられることが、出発点です。「ノー」なら、いくらお金があっても、子どもは自立しないということです。

結論

「子は親の鏡」の意味とは!

「自立」とはなにかといえば、それはそれで、書き始めるといくらページがあっても足りませんので書きませんが、ひとことでいえば、成人させるところに、とりあえずのゴールがあるといえます。最近は大学卒業までスネをかじる子どもが増えていますから、実質的には、子どもが就職して、ようやくひと段落といったところかもしれません。

その過程でも、苦労はさまざまあることでしょう。これも挙げはじめたらキリがありませんので書きませんが、親の心構えとしては、どういう人として自立し、社会に巣立って欲しいのか、おおよそのイメージを固めておく必要があるでしょう。方針なくして教育はできないからです。

子どもへの進学期待

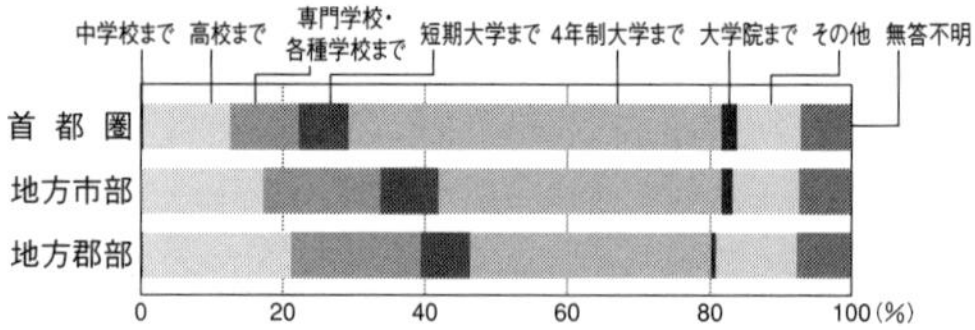

ベネッセ教育研究開発センター「第3回子育て生活基本調査(幼児版)」2008

では、一般家庭ではどう思っているのか。

4府省庁が連携して進めている「若者自立挑戦プラン」によると、親が子どもに望む職業やキャリアは比較的自由主義で、もっとも多かった回答は、「子どもの望む職業に就いて欲しい」(94%)。一方で、2位以下は、「職業に役立つ何らかの資格を取って欲しい」「安定した職業に就いて欲しい」「手に職をつけて欲しい」「自分で独立して生計を立てて欲しい」の順であり、資格、安定、手に職、独立といったキーワードが挙がったことから察するに、先行き不透明な時代に対する不安や、「サラリーマンなら大丈夫」という神話の崩壊といったものを感じている人が多いように見えます。

さて、みなさんはどう考えるでしょう。

ひとつ確実なことは、放任主義にするにせよ安定志向をすすめるにせよ、教育方針を問わず、子どもは親の働き方や労働観に大きく影響されるということです。

あるニートくんは言います。

「オレ、働かないよ。働いたら負けだと思ってるから」

わが息子がそんなことを言いだしたら、それはきっとあなたのせいです。育てていく過程のどこかで、「働くことが負け」という価値観を植えつけてしまったということだからです。

子どもが娘だった場合には、就職の先に結婚というものがあります。そこまでいって、親の手離れなのかもしれません。

しかし、いかず後家さんは言います。

「ワタシ、結婚しないわ。ビンボーなオトコじゃ満足できないから」

わが娘がそんなことを言いだしたら、それもきっとあなたのせいです。「稼げない男となら結婚しなくてもよろしい」「稼げない男は信用ならん」といった価値観を、あなたの日常から娘が感じ取ったということだからです。

あるいは、50歳になり、寝室を別にするあなたがた夫婦の姿に、いかず後家の娘は、愛情や信用ではなく、経済力でのみつながっている夫婦の実態を見つけたのかもしれません。「結婚はいいものだよ。お金がなくたって、信用できる相手を見つけなさい」

そう諭そうとしても、「夫婦別室で寝ている人に言われたくない」と返されることでしょう。「子は親の鏡」とはそういうことです。

ついでに紹介しておくと、昨今の子どもは、学校の授業にて発言したり、質問したりすることが少なくなっているそうです。つまり、能動的ではなく受動的。授業に参加しているのではなく、聞いているのです。誰かと似ていますね。たとえば、会議に参加しているのではなく、聞いているだけのあなたとか。

さて、考えれば考えるほど、親になることのむずかしさが見えてきます。お金のこと然り、教育方針然り、最後は、自分の親としての素質とか、35年の人生の反省とか、いまの働き方、生き方、考え方にも話しが及びます。

それでもなお、親になった人のほとんどが幸せを感じているのはなぜなのか。

理由はおそらく、子育てしてみてどうだったかという親としての記憶が、子どもを持ったときや、持って間もないころ、巣立ったときの状態で決まるからです。

ダニエル・カーネマンは、あらゆる経験の快苦の記憶は、ほぼ完全にピーク時と終了時の快苦の度合いで決まるといいます（ピーク・エンドの法則）。子どもの場合で言えば、幼少期がかわいさのピークであり、巣立つときはエンドです。つまり、どれくらい「欲しい」と思って持つか。そして、自立して巣立っていくときに、どれくらい「やれることは十分にやった」と思えるか。この2カ所に、子どもがみなさんの人生に幸福をもたらすかどうかのポイントがあるのです。もちろん、その間の20数年にはさまざまな苦労があるでしょう。しかし、終わってみれば、そんな苦労は意外と記憶に残らないのかもしれません。

CHAPTER

3

生活

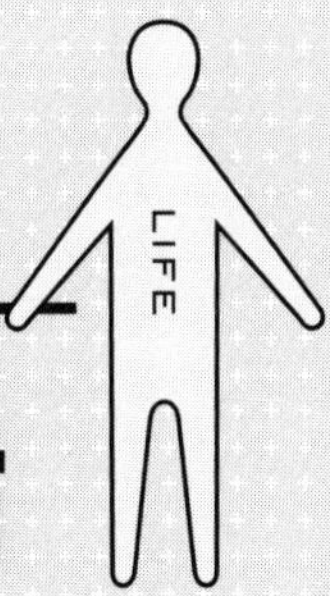

35歳は「生活」についてあらためて見つめ直すのに最適なタイミングです。

というよりも、望むと望まざるとにかかわらず、見つめ直さざるを得ない時期だともいえるのです。

理由はいうまでもありません。20代のころと比べて状況が激変するからです。

35歳ともなると、多くの人が結婚をしている年齢です。そろそろ子どもができている家庭もあることでしょう。マイホームの購入も考えなければなりません。

「結婚」も「出産」も「マイホームの購入」も、私たちの生活を根底から変貌させる一大イベントです。これから幸せな家庭を築いていくために、考えなければならないことはたくさんあるはずです。

「係長に昇進する」などというのも生活を変化させる要因になるでしょう。今まで以上に多忙になるでしょうし、部下ができたことで「大人の振る舞いをしなければならない」と考える人も多いはずです。

まだ、独身。これからも当分は独身、という人は、生活を見直すチャンスにしなければなりません。十数年も続いてすっかり「完成」されてしまったかのようなその生活は、本当にそのままでいいのでしょうか。

この章では、生活の中心である「食・住」に加えて「趣味」、「健康」などについて、35歳までに知っておいたほうがいいこと、知っておくべきことを紹介していきます。

年齢による幸福度の推移

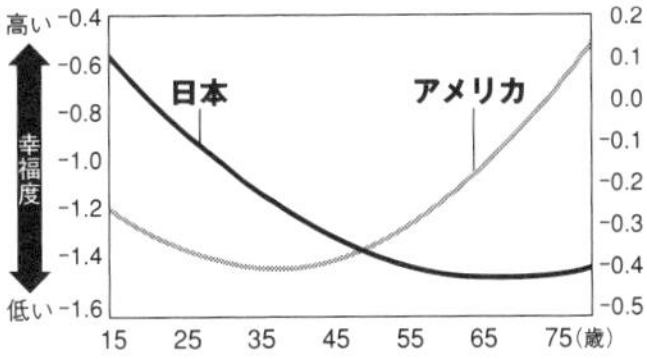

厚生労働省「国民生活白書」2008

国民の幸福度ランキング（2006）

1位	デンマーク	23位	アメリカ
2位	スイス	35位	ドイツ
3位	オーストリア	41位	イギリス
4位	アイスランド	62位	フランス
5位	バハマ	82位	中国
6位	フィンランド	90位	日本

※178ヵ国中のデータ。
レスター大学の社会心理学者エードリアン・ホワイト氏による

年をとるほどに不幸な国、日本

本題に移る前に……あなたはいま、幸せですか？

もし、胸を張って「幸せです」と答えられるとしたら、それこそ本当に幸せなことです。というのも、じつは日本という国で幸せに暮らすことは、意外と難しいことのようだからです。過去60年以上にわたって戦争とはほとんど無関係な状態でいられ、経済的にも十分に発展しているように見えるにもかかわらず、です。

たとえば、イギリスの社会心理学者であるエードリアン・ホワイト氏の「国民の幸福度」に関する調査によると、日本国民の幸福度の順位は178ヶ国中で90位。82位の中国よりも幸福度が低いという評価になっています。

それから「平成20年度版・国民経済白書」には、アメリカと日本における「幸福度」のアンケート結果が掲載されています。これによると、絶対的にアメリカのほうが幸福度が高いことがわかります。しかも、アメリカでは38歳くらいを境に年をとればとるほど幸福度が増していくのに対して、日本では年をとるほどに幸福度は低下していきます。35歳の幸福度は15歳のおよそ半分。ここからさらに悪化していきます。

さらに、日本が決して幸福な国ではないことを如実に物語っているのが、自殺者数の多さです。過去10年以上にわたって、自殺者は3万人を超え続けています。しかも35歳～44

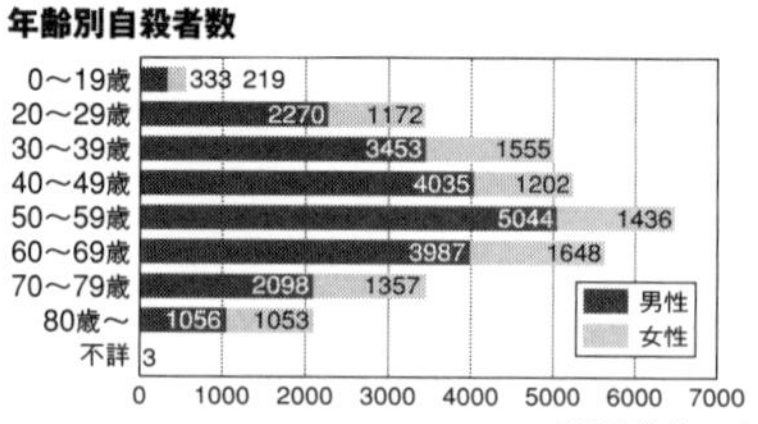

警察庁調べ（2008）

歳よりも45歳〜54歳のほうが、45歳〜54歳よりも55歳〜64歳のほうが自殺者数が多いのです。人口10万人あたりの自殺死亡率を国際比較すると、第9位（2004年）です。

幸福度が低く、年をとるほどに不幸になり、そのうえ自殺者が多い国、日本。もちろんここで国家のことについて論じるつもりはありません。大切なのは、かけがえのない自分自身であり、愛する家族たちです（他人が不幸になってもいいという意味ではありません。念のため）。

とりあえず、あなた自身とその家族が幸福になることを考え、幸福な生活を目指して努力をすることから始めてみませんか。まずは、そこからです。あなたの幸せの延長線上に、きっと他人の幸福もあるはずですから。

それでは、35歳から先の人生、いったいどうしたら快適で幸せな生活が送れるのか、ひとつ一つ考えていくことにしましょう。まずは目の前のことからです。

現状分析

5年後の生活を想像してみる

幸せな暮らし、快適な生活のベースになるのが「住まい」です。最初に書いたように、35歳は、結婚や出産などをきっかけに、住まいについて考える時期です。

それでは、住まいについては、どのように考えればいいのでしょうか。これはきわめて

年齢別持ち家率

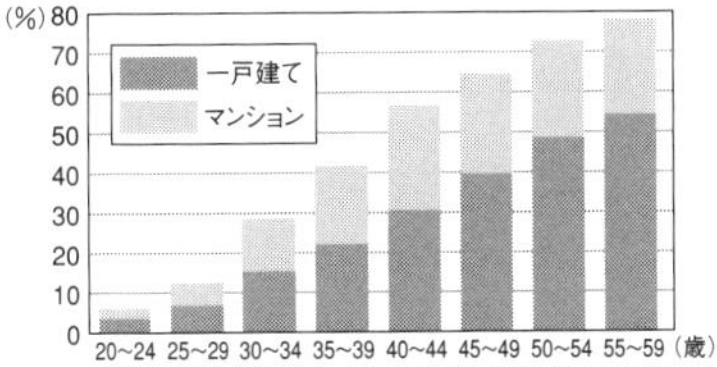

リクルート住宅総研「家族観、住まい観に関する世代別価値調査」(2006)より作成

シンプルな話です。「現実」があって「理想」があり、その間に昇らなければならない「階段」がある。それだけの話です。

まずは現実です。「すでに庭付き一戸建て住宅（4LDK）を購入してあり、あとは子どもが生まれるのを待つだけ」というあなたは、すでに階段を昇って理想に到達しているわけですね。いや、よほどの資産家でなければ住宅ローンが残っているはずですから、階段を昇る足を止めるのはもう少し先になるのでしょうか。

それ以外の人、すなわち、賃貸住宅や実家で暮らしている人、あるいは単身者向けのマンションを購入して住んでいる人などは、今後の住まいについて考えなければなりません。というのは、具体的にどういうことでしょうか。

それは、このままでいいのか、このままではいけないのか、ということです。このままではいけないとしたら、では、どうすればいいのか。そのために、すでに自分に用意できているものになにがあり、自分に足りないものがなんなのか。「現実」をひとつ一つ、明らかにしていきましょう。

いまのままでは子どもが生まれたら家族では生活できない、という「現実」が明らかになったとします。となると選択肢は、いまよりも広い賃貸住宅に住み替えるか、いまよりも広い分譲住宅を購入するかのふたつに絞られます。

もっと、細かく見つめましょう。

30代の持ち家志向

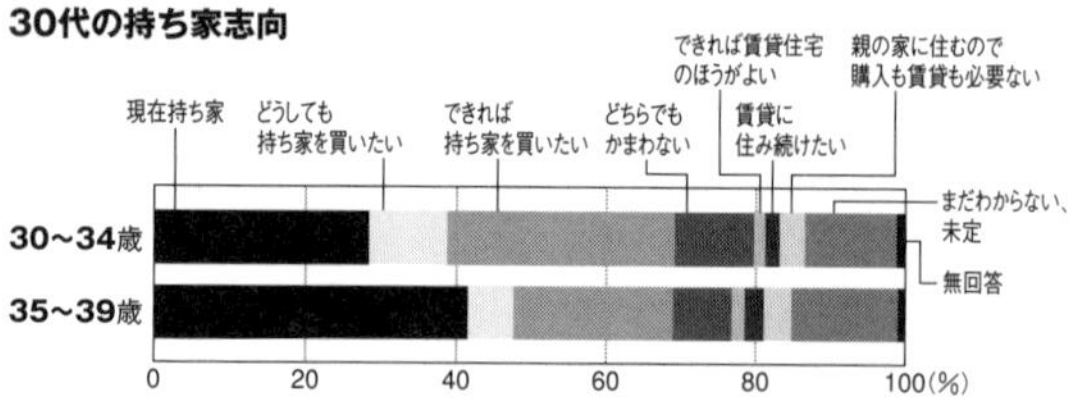

リクルート住宅総研「家族観、住まい観に関する世代別価値調査」(2006)

いまよりも広い賃貸住宅に住み替えるとして、賃料はいくらぐらいまでなら払えるのでしょうか。いまと変わらない程度の賃料しか払えないとしたら、広い間取りにするとなると、仕事場から遠い郊外にしか借りられないかもしれません。通勤時間が長くなりますね。あるいは、毎月賃料を払うことを考えれば、購入するという選択肢はどうですか？　郊外の一戸建て住宅。あるいは近郊の新築マンション。

35歳で35年ローンを組んだとすると、返済が終わるのが70歳。繰り上げ返済することを考えても、そろそろタイムリミットですね。「いや、まてよ。なにも一戸建てや新築マンションだけが住まいではない」という考えも、もちろんアリです。中古マンションであれば、都心に近い通勤に便利な立地でも、20年程度のローンですむかもしれません。

もっともっと、現実を見つめてみましょう。

住宅ローンのことを考えるときに、頭金にいくら払えるのかがわからなければ、まったく意味をなしません。では、いま、住宅購入費用として自由に使える貯蓄はいくらありますか？　総務省の「家計調査（2008年）」によれば、30代の二人以上の世帯の貯蓄残高は640万円。あなたの貯蓄はいくらですか。そこからいくら、頭金に使えますか。

現実と並行して、理想も見つめていきましょう。現実ばかりでは疲れてしまいますから。どんな住まいが理想ですか。庭付きの一戸建て住宅ですか。それとも設備やサービスが充実した大規模マンションですか。対面カウンター式のリビングダイニングや、アイランド

頭金の平均額

住宅の種類	頭金の額
土地付注文住宅	**600.0**万円(16.1)
建売住宅	**615.5**万円(17.3)
新築マンション	**796.0**万円(22.1)
中古戸建	**351.6**万円(14.7)
中古マンション	**450.4**万円(17.8)

※フラット35利用者の場合。
※(　)内は取得費用計を100とした場合の比率。
住宅金融支援機構「フラット35利用者調査報告」(2008)より作成

キッチンなら、一家団欒のときを持ちやすくなるでしょう。

これらは、頭の中で思い描くだけではなく、新聞の折り込みチラシや住宅情報誌、インターネットなどを利用して、実際に物件情報を集めましょう。すると、夢がはっきりとした輪郭をもって目の前に浮かび上がってきます。

ここでまた現実に戻るわけです。すなわち、夢を現実にするためにはどれくらいの努力をすればいいのか、と。こうして、現実と理想を行き来しつつ、だんだんと両者の距離を近づけていくのです。

5年後の生活を想像してみてください。そこに、幸せな暮らしを送っているあなたと家族の姿は見えますか？

方法

買うべきか買わざるべきか、あるいは買えるのか

ほんのちょっと前に「住まいについて考えることはたいへんシンプルだ」と書きました。その舌の根も乾かないうちにこういうのも申し訳ないのですが、実際に行動に移すとなると、そこにはたくさんの要素が入り込んできて、とても複雑になります。戸建てなのかマンションなのか、新築なのか中古なのか、場所はどこにするのか、そもそも買うべきなのか借りるべきなのか……。ポイントを絞って見ていくことにしましょう。

◉購入と賃貸、トクするのはどっち？

最初にぶつかる大きな問題がこの問題ではないでしょうか。結論から言いましょう。ほとんどかわりません。

仮に３５００万円の物件（東京近郊の新築マンション・３ＬＤＫ）を、頭金７００万円・金利３％・返済期間25年のローンを組んで購入したとします。管理費や修繕積立金、固定資産税まで含めて80歳までに支払う総額は約６９７８万円になります。

一方の賃貸はどうかというと、同程度の物件で賃料を15万円（管理費込み）とすると、80歳までに支払う賃料の総額は８１００万円。１０００万円ほど賃貸のほうが高めになります。ただし、子どもが独立したあとは多少狭くてもいいのでもう少し賃料の安いところに引っ越せば、購入するのとトントンになるかもしれません。

どうやら、支払総額は購入するか賃貸にするかの決め手にはならなそうです。ただし、です。購入した場合には、ローンを完済する60歳以降に支払うのは管理費と修繕積立金と固定資産税だけですむ（4～5万円程度）のに対して、賃貸の場合には60歳の定年以降も永遠に賃料を支払い続けなければならないという宿命が待ち受けていることになります。

◉35歳で購入、遅すぎない？

決して遅すぎることはありません。総務省の「住宅・土地統計調査」によれば、30～34

歳の持ち家率が29%であるのに対して、35~39歳では47%と大幅に増加しています。また、独立行政法人住宅金融支援機構（旧住宅金融公庫）によれば、フラット35を利用して住宅を購入した人の平均年齢は、マンションが37歳、建売住宅が36歳、注文住宅が39歳。35歳はまさに住宅購入の適齢期だということができるわけです。

●家賃並みの支払額で買えるって本当？

本当ですが、落とし穴もあります。仮に、先ほどの例と同じように3500万円の物件を、頭金700万円・金利3%・返済期間25年のローンを組んで購入したとします。すると、毎月の返済金額はおよそ13万円。「家賃並み」というのもあながち誇大広告ではないような気がします。

ところが、です。たとえばマンションを購入した場合、ローンの返済以外に管理費と修繕積立金がかかります。これが毎月2~3万円ほど。このほかに固定資産税が年額10~15万円ほど必要になります。「月々13万円、家賃程度の支払額で購入可能！」といったチラシのうたい文句にのせられて気軽に購入してしまうと、あとで痛い目に遭うことになるわけです。

もうひとつ、気をつけなければいけないのが「ボーナス払い」です。毎月の返済額を低く抑えるために、ボーナス月に20万円、30万円というようにまとまった金額を返済するの

●フラット35

住宅金融支援機構と民間金融機関の提携による住宅ローン。最長35年の固定金利、保証料が不要などのメリットがある。金利は取り扱う金融機関によってかなり異なる。銀行等と比較した最大の特徴は、万が一苦しくなったときの返済方法の変更が容易なこと。ボーナス返済の取りやめ、一定期間の返済額減額などができる。

また団体信用生命保険の加入が必須ではないため、うつ病の既往歴があるために他のローン審査に通らない場合でも融資を受けられる。

住宅ローンを断られた理由TOP5

1位	年収(37.0%)
2位	他の債務状況(17.4%)
3位	年齢(15.2%)
3位	勤続年数(15.2%)
5位	勤続形態(10.9%)

※新築分譲住宅(マンション含む)の場合
国土交通省「住宅市場動向調査」2008

です。言うまでもないことですが、ボーナスの金額は不定です。景気によって上下し、場合によってはゼロになる可能性すらあるわけです。あてにしてはいけません。

不動産競売流通協会によれば、住宅ローンの返済に行き詰まって競売にかけられた不動産の数が、2009年の7月には前年の2倍に増加しているといいます。さらに、同年夏のボーナス大幅カットの影響により、この数は今後まだまだ増える可能性があるようです。

◉いくらなら安心して購入できるのか

ずばり言ってしまえば、年収の5倍以内の物件です。どうです？　買える物件はありますか？　かなりきびしいのではないでしょうか。しかし、実際分譲住宅を買った人の年収倍率は平均すると5〜6倍なのです。

一方、いくらまでなら借りて大丈夫かということからも見てみましょう。一般に、返済負担率（年収に占める毎月の返済金額の割合）は20％前後が妥当だとされています。ローンを組む際にもこの数値が目安になります。ちなみに、住宅金融支援機構では、融資額は返済負担率が35％まで（年収が400万円以上の人）と決まっており、それ以上の借り入れはできません。

ではみなさんの場合、どれくらいの借り入れが可能なのでしょうか。仮に年収が500万円だとすると、その20％となる毎月返済金額は約8万3333円。金利3％の30年ローンを組むとすると、借入可能金額は1976万円となります。

年収&返済負担率でわかる借入可能額

年収に対する返済負担率の目安

年　収	300万円未満	300万円以上 400万円未満	400万円以上 700万円未満	700万円以上
返済負担率	25%以下	30%以下	35%以下	40%以下

いずれの年収でも、25%以下が望ましい

返済負担率でみる年収別ローン計画（30年ローン、金利3%、ボーナス払いなし、元利均等返済の場合）

【返済負担率20%】（いずれの年収でも、らくらく返済できる）

年　収	月々の支払額	借入可能額	総支払額	頭金（2割）	住宅価格
300万円	5.0万円	1,185万円	1,798万円	237万円	1,422万円
400万円	6.6万円	1,581万円	2,399万円	316万円	1,897万円
500万円	8.3万円	1,976万円	2,999万円	395万円	2,371万円
600万円	10.0万円	2,371万円	3,598万円	474万円	2,845万円
700万円	11.6万円	2,767万円	4,199万円	553万円	3,320万円
800万円	13.3万円	3,162万円	4,799万円	632万円	3,794万円

【返済負担率25%】（いずれの年収でも、無理なく返済できる）

年　収	月々の支払額	借入可能額	総支払額	頭金（2割）	住宅価格
300万円	6.2万円	1,482万円	2,249万円	296万円	1,778万円
400万円	8.3万円	1,976万円	2,999万円	395万円	2,371万円
500万円	10.4万円	2,470万円	3,748万円	494万円	2,964万円
600万円	12.5万円	2,964万円	4,498万円	592万円	3,556万円
700万円	14.5万円	3,459万円	5,249万円	691万円	4,150万円
800万円	16.6万円	3,953万円	5,999万円	790万円	4,743万円

【返済負担率30%】（あまり余裕はない。年収が低いほどきつくなる）

年　収	月々の支払額	借入可能額	総支払額	頭金（2割）	住宅価格
300万円	7.5万円	1,778万円	2,698万円	355万円	2,013万円
400万円	10.0万円	2,371万円	3,598万円	474万円	2,845万円
500万円	12.5万円	2,964万円	4,498万円	592万円	3,556万円
600万円	15.0万円	3,557万円	5,398万円	711万円	4,268万円
700万円	17.5万円	4,150万円	6,298万円	830万円	4,980万円
800万円	20.0万円	4,743万円	7,198万円	948万円	5,691万円

【返済負担率35%】（いずれの年収でもきつい。年収が低いと借入自体が不可能）

年　収	月々の支払額	借入可能額	総支払額	頭金（2割）	住宅価格
300万円	8.7万円	2,075万円	3,149万円	415万円	2,490万円
400万円	11.6万円	2,767万円	4,199万円	553万円	3,320万円
500万円	14.5万円	3,459万円	5,249万円	691万円	4,150万円
600万円	17.5万円	4,150万円	6,298万円	830万円	4,980万円
700万円	20.4万円	4,842万円	7,349万円	968万円	5,810万円
800万円	23.3万円	5,534万円	8,399万円	1,106万円	6,640万円

◉親から借りるという選択

贈与とあわせて、親から住宅購入資金の一部を借りるというケースは多い。

メリットとしては、買える物件の予算をあげられること。また、個人保証であり、万が一支払いが苦しくなったときには、一時的な免除も切り出しやすいこと。デメリットとしては、住宅ローン減税が実施された場合、その恩恵が少なくなることだろうか。

ポイントは、金銭消費貸借契約書をつくり返済方法を明記しておくこと。利率は定期預金金利くらいが適当。また、返済は口座への振込など返済の証拠が残るものを。

これでいくらの物件が買えるのでしょうか。住宅を購入するときには、頭金以外にも税金や登記費用などの「諸費用」がかかります。物件によっても異なりますが、新築マンションで価格の3%〜6%、中古マンションは3%〜8%、一戸建て住宅は6%〜10%が目安となります。

かりに5%としてこれを加味すると、自己資金としておよそ1000万円を用意することができれば2976万円の物件を購入することができる計算になります。

自己資金が1000万円もない、ですか。心配することはありません。先ほども書いたように、みなさんの年代の平均貯蓄残高は640万円。みんな、足りないのです。ではどうすればいいのか。リクルートの調査によれば、住宅を購入した人の4人にひとりが親からの援助を受けているといいます。また別の調査（長谷工アーベスト）によれば、親の援助を実際に受けたかあるいは将来の援助を期待している子どもは4割にのぼるといいます。

通常、親子といえども金銭の授受に対しては贈与税が発生するのですが、住宅取得が目的の場合には特例があり、年間550万円までの贈与は無税になります（1回限り）。また、「相続時精算課税」という制度を利用すれば、2500万円まで無税で贈与を受けることができます。ただしこちらの場合は、親が死亡したときにその他の財産と合算して相続税を計算しなければなりません。

35歳にもなって親の援助を受けるのはみっともないと思いますか？　そのぶん、たっぷりと親孝行すればいいだけの話じゃありませんか。いつの時代も子どもの幸福を望まない親などどこにもいないはずです。

提案①

20代と同じ食生活は通用しない

別の章で「35歳は中年ではない」と書きましたが、肉体的にはとっくにピークを越えています。すでに中年の域に達している人もいるかもしれません。残りの人生を幸福に生きるために、35歳は食生活についてもしっかりと考えるべき年齢です。

まずは「塩分」のとりすぎに注意しましょう。塩分のとりすぎは高血圧の原因となります。では、どうすれば減塩することができるのか。「ただガマンする」というのでは、あまりにも大ざっぱすぎます。

正しい減塩のためには、どのような食品にどれくらいの塩分が含まれていて、自分が1日にどれくらいの塩分を摂取しているのかを知る必要があります。日本人の理想的な塩分摂取量は1日に10g以下ですから、これをオーバーしないように気をつけなければいけません。もちろん、ラーメンや日本そばのつゆを全部飲み干すなどというのは問題外です。

どうしても味が薄くて物足りないというときには、レモンなどの柑橘類やコショウなどの香辛料、酢などを用いて味にメリハリをつけるといいでしょう。食卓に塩や醤油を置か

塩分含有量の目安

かけそば	4g
ラーメン	6g
カツ丼	4g
牛丼	3g
カレーライス	3g
みそ汁	2g

塩分1gを含む調味料

しょうゆ5cc	小さじ1杯
味噌8g	小さじ1杯強
マヨネーズ56g	大さじ4杯
中濃ソース17g	大さじ1杯強
ケチャップ30g	大さじ2杯
ドレッシング30g	大さじ3杯

食品100g中に含まれる脂質

バター	81.0g	豆腐（絹ごし）	3.0g
マカダミアナッツ	76.7g	鶏ささみ	1.1g
牛ばら肉	50.0g	まだら	0.2g
牛サーロイン	47.5g	カッテージチーズ	4.5g
豚ばら肉	34.6g	プロセスチーズ	26.0g
ベーコン	31.1g	ごはん	0.3g
たまご	10.3g	食パン	4.4g

ないというのも効果的です。

塩分と並んで気をつけたいのが脂肪分です。脂肪の過剰摂取は、エネルギー過多で肥満になりやすく、高血圧や心臓病などの生活習慣病の原因になります。

とくに注意したいのは動物性脂肪のとりすぎです。動物性脂肪に含まれる飽和脂肪酸は、コレステロール値を上げ、動脈硬化を進めます。一方、植物性の脂肪に多く含まれている不飽和脂肪酸は、逆にコレステロール値を下げ、動脈硬化を抑えてくれます。動物性脂肪と植物性脂肪の割合は1対1～2が理想的だといわれています。

塩分と動物性脂肪を控える一方で、食物繊維はたっぷりとることが必要です。食物繊維は、肥満や糖尿病、高血圧や大腸ガンなど、多くの病気を予防するといわれています。食物繊維を多く含むのは、豆類やキノコ、海藻などです

そして、野菜。野菜には食物繊維のほかに、多くのビタミンが含まれています。

このような食生活をするためにはどうしたらいいでしょうか。そうですね。外食を控えることです。

ラーメンを注文するときに「塩分少なめで」という人はいませんし、ハンバーグ定食を「脂分抜きで」と頼む人はちょっとヘンです。週7日、毎日3食を手作りの食事でまかなうことは無理だとしても、早く帰宅できる日の夕食や休日の食事は、できる限り手作りしてみてはいかがでしょうか。

提案❷

手作りのすすめ

手作りの良さは、なにも塩分を減らしたり脂肪分を控えたりできることだけに限られません。そもそも「食」は「命の源」であり、それを自らの手で作るという行為は、人としてごく当たり前のことです。

最初から難しい料理に挑戦する必要はまったくありません。ただし、手間を惜しまずに、本物に触れることは大切です。たとえば、一度、本物の鰹節を削ってみそ汁のダシをとってみてください。粉末の調味料は言うまでもなく、パック入りの鰹節とは香りがぜんぜん違います。

みそ汁の次はご飯ですね。最近の電気炊飯器はだいぶ性能が上がったようですが、やはりここは土鍋の出番です。米と水を計って入れ、強火にかけて沸騰したらとろ火にして5分間、その後、ふたをしたまま20分間蒸らせばできあがり。すこーし焦げるくらいが旨いです。一粒一粒が立ったつやのあるご飯が炊けているはずです。炊きあがったらすぐにおひつに移せば完璧です。

中華の基本は高温でサッと炒めること。家庭用のコンロでは難しいと思われがちですが、大きめの中華鍋に油を入れたら十分に熱して、少なめの材料で少人数分ずつ作れば意外と簡単です。中華鍋を振れるダンナさんなんて、カッコいいと思いませんか。

◉鰹節と昆布のだし

だしはうまみが命。昆布にふくまれているグルタミン酸（実は母乳にも含まれている）と鰹節にふくまれているイノシン酸が相乗効果的に作用し、和食の至宝ともいえる高貴な甘みが現出する。

とり方にはさまざまな流儀があるが、コツはうまみを熱で飛ばさないこと。ようするに沸騰させないことだ。

まず昆布は水でじっくりとる。よい昆布なら冷水に一晩つけると、びっくりするような繊細で深いうまみが出る。一方鰹節は数十秒程度の沸騰ですばやくとること。

同様に、パスタを上手にゆでられる男もけっこう魅力的です。いえ、35歳としては必須といっていいかもしれません。

ポイントは塩の量とゆで時間。塩の量はソースの種類によってかえる必要があるのですが、目安はパスタ100gにつき水1リットル、塩5～10g。ゆで時間は袋に表示してある時間よりも若干短めに。予定時間の1分～30秒ほど前になったら、1本引き上げて、食べてみましょう。かたすぎたらもう15秒。秒単位の勝負です。中心にほんのわずかに芯が残っている程度が食べごろのアルデンテです。ゆでたあとに具材と一緒にフライパンで炒める場合には、その加熱時間も考えて、さらにかためにゆであげます。

35歳になったら、栄養面から考えても「肉よりも魚」です。とくに青魚には健康によいとされるDHAやEPAなどの不飽和脂肪酸が含まれています。それに、肉は結局「焼く」だけ。おいしいかおいしくないかはほぼ値段で決まってしまいます。それに比べて魚は、「生」、「焼く」、「煮る」、と多彩な料理が可能。焼くにしても塩焼きやムニエルなど、腕のふるい甲斐があります。魚の1匹くらい、簡単にさばけるようになるといいでしょう。骨やアラは汁ものにすればおいしく食べられます。ポイントはとにかく「慣れ」。失敗した数に比例して上達していきます。

料理が上手になるコツは、料理を好きになること。そして料理が好きになるためには、たくさんの「おいしい」に出会うことが必要です。

◉アルデンテの意味

わずかな芯を残してと言いはするが、イタリアでは稀で日本人の誤解からひろまってしまった言葉。デンテは歯ごたえ、アルは～に対して、の意味。ようするに自分がおいしいと感じる歯ごたえと思うべし。

生きることは食うことだ。つらいとき、苦しいときにも、うまい料理はあなたを支えてくれるはず。

「本物」と出会う

35歳ともなれば、20代が滅多に足を踏み入れてこない世界に身を置いてみることをおすすめします。たとえばオペラやクラシック音楽などの芸術鑑賞です。

「興味がない」とおっしゃるかもしれません。それもそのはず。触れたことのないものに対して最初から興味が湧くわけはないのです。

オペラにせよクラシック音楽にせよ、長い時間をかけてたくさんの人々に愛されてきたものには、それなりの理由があります。それだけの価値があるからこそ、現代にまで生き残っているのです。いわば、人類が生み出した貴重な財産だといえるでしょう。せっかくのすばらしい財産に触れるチャンスがありながら、それをみすみす見逃すのは、大いなる損失と言わざるを得ません。

オペラとクラシックだけではありません。日本には、歌舞伎や能、狂言といった、世界に誇れるすばらしい古典芸能があります。これらはみな手を伸ばせば確実に届くのです。それでも敷居が高いという人は、ミュージカルや落語など、多少は親しみのあるものからチャレンジしてみるのもいいでしょう。

なぜ、こうしたことが大切なのでしょうか。それは、本物に触れることによって初めて味わえる感動を知るためです。ほかのものでは得られない感動を得るためです。そのよう

◉はじめてのオペラ

なにごともはじめが肝心。最初の出会いにはお金を惜しむべきではない。オペラをはじめて観るならば、最前列か前の方がおすすめ。音はややよくないが、歌い手の迫力、息づかいまでよく感じ取れる。

演目はヴェルディの椿姫かモーツァルトのフィガロの結婚がおすすめ。前者は悲劇、後者は喜劇だが、どちらもストーリーがわかりやすく、CM等で一度は耳にした曲も多いので、なじみやすい。

な体験はやがて、みなさんの人間としての幅を広げ、奥行きを深めてくれるはずです。

それともうひとつ、「語れるようになる」という副作用があります。会食やパーティーなどの席でオペラや歌舞伎の話題になったときに、知識も体験もなければ話について行くことができません。これでは35歳として少し寂しいのではないのでしょうか。

本物、ということでいえば、もっと範囲を広げてもいいのかもしれません。たとえばジャズにおける山下洋輔のように、いわゆる「一流」に触れること。これも大切です。

それから、たとえば「茶会」に呼ばれてみる。会社の同僚や友人に片っ端から声をかければ、ひとりくらい、お茶を習っている人がいるはずです。茶会に参加させてもらえるように頼んでみてください。そこにはあなたのまだ知らない「本物」の世界が広がっているはずです。

習っている人が周囲にいなければ、自分で習ってしまうという方法があります。ひごろ、雑踏の喧噪やオフィスの騒がしさの中で神経をすり減らしている人にとって、「お茶の世界」は、静寂の中に身を置いて自分自身と向き合うことができる、かけがえのないひとときになるはずです。同じ理由から「書道」というのもおすすめですね。それに、文字が上手になって損をすることは絶対にありません。

あるいは「俳句」はどうでしょうか。句会を開催しているグループは全国各地にありますし、いまではインターネットで参加できる句会もあります。

読書もいいでしょう。映画鑑賞だって素敵な趣味です。そこに、35歳の大人ならではの、大人でなければ楽しめない、なにかひとつを新たに加えてみてはいかがでしょうか。

リスク

がんの罹患＆死亡リスク

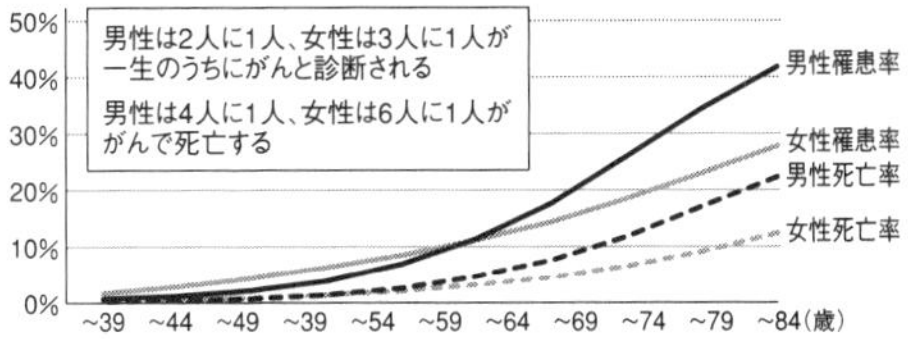

がん研究振興財団「がんの統計」2008

１４０分の１のハズレクジ

理想の住まいを手に入れて、食生活を充実させ、趣味の世界を広げる。こうしたことができるのも、すべては健康なからだがあってこそ。というわけで、健康の話です。

唐突ですが、ここにある「クジ」があるとします。１４０人に１人だけがハズレを引くことになっているクジです。あなたはそのハズレを引かない自信がありますか？　まさか、「そういうときに限って引いてしまうんだよな」というような「強運」の持ち主ではないでしょうね。

そのハズレクジにはなんと書いてあると思いますか。じつは「ガンにかかる」と書かれているのです。

男性の場合、生涯を通じてみれば2人に1人がガンにかかり、4人に1人がガンで亡くなっている現代、ガンにかかること自体、そうめずらしいことではありません。

「とはいえ、さすがに30代では」と思うかもしれませんが、39歳までにガンにかかる確率が、意外にも高く、１４０人に１人の割合（がん研究振興財団・ガンの統計'08）なのです。みなさんの世

がんを防ぐための12ヵ条

1 バランスのとれた栄養をとる	7 塩辛いものは少なめに、あまり熱いものはさましてから
2 毎日、変化のある食生活を	8 焦げた部分はさける
3 食べすぎをさけ、脂肪はひかえめに	9 かびの生えたものに注意
4 お酒はほどほどに	10 日光に当たりすぎない
5 たばこは吸わないように	11 適度にスポーツをする
6 食べものから適量のビタミンと繊維質のものを多くとる	12 体を清潔に

国立がんセンター

代だと、小学校のときの1学年に2人くらいが39歳までにガンにかかる計算になるでしょうか。必ずしも遠い未来のできごとではないのです。

では、どうすればガンにかからずにすむのでしょうか。じつは、ガンにかかる確率は次の式で求めることができます。

ガンにかかる確率＝（A＋B＋C＋D＋E……）×X（エックス）

ABCDE……は、タバコの煙や紫外線、排気ガスなどの「発ガン性物質」と、塩分のとりすぎやお酒の飲み過ぎなどの「ガン化促進生活習慣」といった、ガンの原因となる因子です。そして乗数のXは不定の値です。

では、Xの値はどうやって決まるのか。これが「運」なのです。健康にだけは気をつけていた人がガンで早死にすることがあるのに対して、ヘビースモーカーで大酒飲みのクセに長生きする人が実際に存在するのは、そういうわけなのです。

ガンのメカニズムについて、ちょっとだけ説明しましょう。

まず、タバコの煙や紫外線などの発ガン性物質が、正常な細胞を攻撃して「遺伝子」を傷つけます。これが第一段階。ところがこの段階ではガンにはなりません。

わたしたちの体には、傷ついた遺伝子を修復するシステムが備わっているからです。こ

喫煙ががんに及ぼす寄与割合

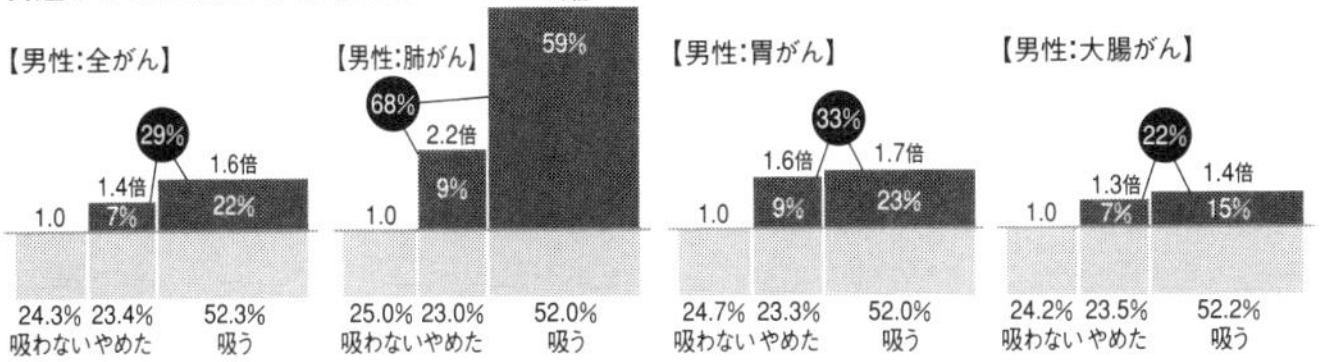

がん研究振興財団「がんの統計」2008

のシステムが正常に働いているかぎり、ガンにはなりにくいのです。ところが、発ガン性物質が修復システムを直接、攻撃することがあります。こうしてできた「傷ついた遺伝子を持つ細胞」が分裂を繰り返すうちに、やがてガン細胞になるのです。

つまり、発ガン性物質が修復システムを攻撃する確率がXです。Xの値は誰にもわかりません。Xの値が大きくても、発ガン性物質を取り込まないように気をつけていれば、ガンになる可能性を低く抑えることができます。逆に、Xがいくら小さくても、発ガン性物質の攻撃量が多ければガンになる確率は上がります。ヘビースモーカーで大酒飲みが通常はガンになりやすいのはそういうことです。

Xが不定値である以上、ガンにかかる確率を下げる方法はただひとつ。カッコの中のA＋B＋C＋D＋E……を少しでも小さな値にすることだけです。

とはいえ、私たちの生活環境から発ガン性物質を完全にシャットアウトすることが難しいのも事実。でも、たったひとつだけ確実にガンのリスクを下げることができる方法があります。

それが「禁煙」です。喫煙習慣は、いうまでもなく肺ガンなどのリスクを高めます。ところが、20年間、禁煙を続けるとタバコを吸わない人と同じリスクになるといわれています。35歳のいま、禁煙を始めれば20年後は55歳です。まだまだ働き盛り。子どもだって成人前かもしれません。ガンにかかっている場合ではありません。

メタボリックシンドローム対策

「なんだ、140人に1人なのか」と思ってホッと胸をなで下ろした人は、その手をそのままお腹の方まですべらせてみてください。そこに、20代のころにはなかったはずのやわらかい「丘」はありませんか？　その「丘」に押し下げられるようにして、ベルトの位置が下がっていたりしませんか？　メタボリックシンドロームの話です。

メタボリックシンドロームとは、内臓脂肪のために、おへそまわりが男性85㎝以上で、なおかつ、高血糖、高血圧、高脂血症のうちのふたつ以上に該当するケースです。30～39歳の男性の7％ほどが、すでにメタボリックシンドローム。予備軍まで含めると14％という説もあります。7人に1人の割合です。

メタボリックシンドロームには、ただ単にお腹が出ている人というイメージがあるかもしれませんが、そうではありません。ただそれだけなら「格好悪い」ですむのですが……。メタボリックシンドロームは通称「死の四重奏」ともいわれます。肥満症、高血糖、高脂血症、高血圧の四重奏です。なんとも騒々しそうな四重奏ですが、じつは音はまったく聞こえません。無自覚、無痛のまま進行していくのです。放置しておくと、たとえば、糖尿病になるリスクは正常な人に比べると5倍にもなります。それから、心筋梗塞や脳卒中になるリスクは3倍。いずれも、生命に関わる重大な疾病です。

30代男性の肥満割合

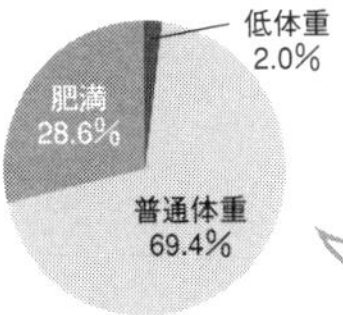

BMI計算式

$$BMI = \frac{体重(kg)}{身長(m) \times 身長(m)}$$

BMI……Body Mass Index（ボディ・マス・インデックス）の略。身長と体重から求める国際的な体格判定方法。標準値は22。

18.5以下	低体重
18.5～25.0未満	正常
25.0～30.0未満	軽度肥満
30.0～35.0未満	中等度肥満
35.0～40.0未満	高度肥満
40.0以上	超高度肥満

厚生労働省「国民健康・栄養調査」2007

では、どうしたらいいのでしょうか。まずは内臓脂肪を減らすことです。そのためには、摂取エネルギーより多くのエネルギーを消費すればいいのです。あるいは逆に、消費エネルギーより摂取エネルギーを減らせばいい。つまり、「運動する」か「食事を減らす」か、あるいはその両方でもかまわないわけです。

まず、食べ物のカロリーに敏感になりましょう。おもな食べ物のエネルギー量を知っておくといいでしょう。では、どれくらい食べればいいのか。つまり必要なエネルギー量です。これも、次のような目安があります。

軽労働（デスクワークが中心の事務員など）＝体重×25～30kcal
中労働（外歩きが多い営業マンなど）＝体重×30～35kcal
重労働（農業、建設作業員など）＝体重×35kcal

この式をもとに自分の1日の必要消費カロリーを算出し、摂取カロリーがこれをオーバーしないように、食事の量に気をつけるようにしましょう。

食事の次は運動です。

ところでみなさんは、高校や大学を卒業して定期的に運動をしないようになってから、どれくらい、体重が増えましたか？　黙っていて筋肉が増えることはありませんから、増えた分は純粋に脂肪です。5kgですか？　10kgですか？　10kg増えたという人は、ためしにいまからスーパーマーケットに行って10kgのお米を持ってみてください。学生時代と比べるといまは、この10kgのお米を背負って生活しているようなものなのです。

1kgの脂肪を減らすには7000kcalのエネルギーを消費しなければなりません。ですから10kg減量するとしたら7万kcalです。ウォーキング（ちょっと速めの徒歩）だと、1時間でおよそ200kcalを消費することができます。つまり、脂肪10kgを燃焼させようと思ったら350時間、ウォーキングをすればいいことになります。毎日1時間ずつ歩いたとして350日。ほぼ1年がかりの減量が必要なのです。それはそうです。だって、ここまで増やすのに何年かかったのですか？

現実問題、毎日1時間のウォーキングはちょっと無理でしょう。3日に1回。10kg落とすのであれば3年くらいはかかる覚悟が必要でしょう。それに、あまり無理して急激なダイエットをすると、どこかで破綻してリバウンドしてしまうおそれがあります。

方法

薄くなり抜けゆく髪の復活法

「メタボリックシンドロームの予備軍が7人に1人」と聞いて胸をなで下ろした人は、今度はその手を頭に持っていってみてください。髪の毛にハリやコシがなかったり、あるい

気になる毛髪事情

薄毛・抜け毛の平均自覚年齢

自分の薄毛・抜け毛を気しているか（30代）

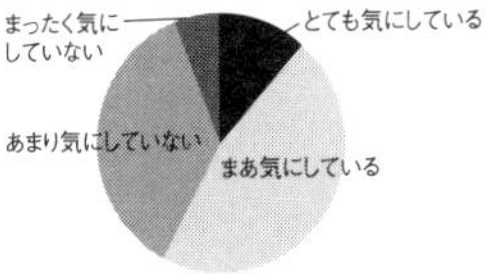

自分の薄毛・抜け毛を気にする理由TOP5

1位	カッコよくない
2位	若くない気がする
3位	老けて見える
4位	モテなくなる
5位	からかわれる

万有製薬「ニッポンうす毛事情2008」より作成

はすでに……。

朝日新聞の記事によれば、ビジネスマンやOLが考える「外見から判断する男の曲がり角年齢」は35歳（ライオン調べ）となっています。そして、具体的な判断基準で、1位の「お腹が出てくる」に次いで2位にランクインされているのが「髪の毛が薄くなってくる」なのです。ハイ、もう手をおろして結構です。

薄毛や脱毛で成人男性に多いのが「男性型脱毛症」。最近ではAGAという呼び方のほうがポピュラーかもしれませんね。早い人では10代のうちから、額の生え際や頭頂部の髪が薄くなっていきます。おもな原因と考えられているのが遺伝や男性ホルモンの影響です。

現在、AGAの人は全国で1260万人もいるといわれています。男性5人に1人の割合です。「髪の毛ぐらい、どおってことないさ」と笑い飛ばしてスキンヘッドにできる人はそう多くはありません。多くの人にとって重大で深刻な悩みです。

AGAという呼び方を聞いてピンと来た人はご存じかもしれませんが、男性型脱毛症は近年になって病院で治療が受けられるようになりました。テレビのコマーシャルで見かけたことがあるかもしれません。フィナステリド（商品名：プロペシア）という飲むタイプの治療薬が開発されたのです。厚生労働省が認可した医薬品ですから、これまで巷に出まわっていた民間療法の養毛剤や育毛剤に比べて効果は明らか。根気よく治療を続けることで、抜け毛を抑えて発毛を促すことが期待できるといわれています。

ただし、です。「病院で治療」と書いたように、このクスリは街の薬局や薬店などで購入することができません。医師の処方箋が必要です。しかも、です。AGAは健康を害するような疾患ではありませんから、保険の対象外です。1ヶ月にかかる費用は、病院や薬局によっても異なりますが、1万円以上になってしまいます。

AGAの治療を受けられるのは皮膚科ですが、すべての皮膚科で取り扱っているわけではありません。また、最近ではAGAを専門（あるいは得意分野）とするクリニックも登場しています。

「私はまだ大丈夫だから」

それはなによりです。でも、油断は禁物。年齢とともに抜け毛が増え、気がついたときにはすでに手遅れ、なんてこともないとはいえません。仕事のストレスも抜け毛の原因になりますから。

そんな「まだ大丈夫」な人におすすめしたいのが、正しいシャンプー方法です。抜け毛の原因は遺伝と男性ホルモンと書きましたが、片棒を担いでいるのが頭皮の皮脂。毛穴に皮脂が詰まったままだと、毛髪の成長を阻害するうえに、育毛剤や養毛剤の浸透を妨害するのです。男性の場合、皮脂の分泌量は30代がピーク。しかもピークを過ぎてもなかなか減りません。日ごろからの手入れがものをいうのです。

シャンプーのポイントは、髪だけではなく頭皮をよく洗うこと。頭にシャンプーをつけ

◉35歳は脱毛のはじまり

AGAの原因はさまざまな説があるが、つまるところホルモンバランスの変化と血行不良。男性の場合、35歳からがあぶないと言われる。筋トレは成長ホルモンの分泌を促し、バランスを整え、全身の血行をよくする効果が期待できる。

また、禁煙で毛髪量が増える人も多いことからも、喫煙者はハゲやすい。薄くなったと思ったら禁煙するのがよい。

てよく泡立てたら、指の腹を使い、髪の生え際から頭頂部に向けて、指先を小刻みに動かしながら頭皮をマッサージするようにして洗います。あるいは、皮脂をもみだすように、指の腹でギュッギュッと押し洗いをします。こうすることで、普通のシャンプー方法ではとれない皮脂を洗い落とすことができるのです。

知識

35歳は睡眠力の曲がり角

厚生労働省の「平成19年国民健康・栄養調査」によれば、「睡眠で十分に休養がとれている」という人は、30代の男性が全年齢層でもっとも低く、わずか14％しかいません。約30％の人が「あまりとれていない」または「まったくとれていない」と答えています。

では、どうすればぐっすりと眠って疲れをとることができるのでしょうか。

眠気をもよおすとき、私たちの体内には「メラトニン」という物質が分泌されています。メラトニンの分泌は「体内時計」によってしっかりと管理されています。通常は、朝起きてから14時間後に分泌が始まり、2時間ほどで睡眠に十分な量に達するとされています。朝の7時に起きれば、夜の9時ごろにメラトニンが出始めて、11時ごろに眠くなる計算です。これなら翌日の朝7時まで、8時間、ぐっすりと眠れます。

つまり、体内時計をきちんと合わせておくことが快眠のカギなのです。では、どうすれ

●眠りの質は35歳が分岐点

老化といえば、60歳くらいから本格化するものだが、その始まりはどうやら35歳にありそうだ。

睡眠学で知られる足利工業大学の小林敏孝教授によれば、35歳から、睡眠の質を維持できる人と、できない人が出てくるのだという。(『眠りを変えれば仕事はうまくいく』WAVE出版)

睡眠の勝ち組、負け組ともいえる。35歳からは食事・睡眠・運動に気を使うべき年ごろなのだ。

30代男性の睡眠時間

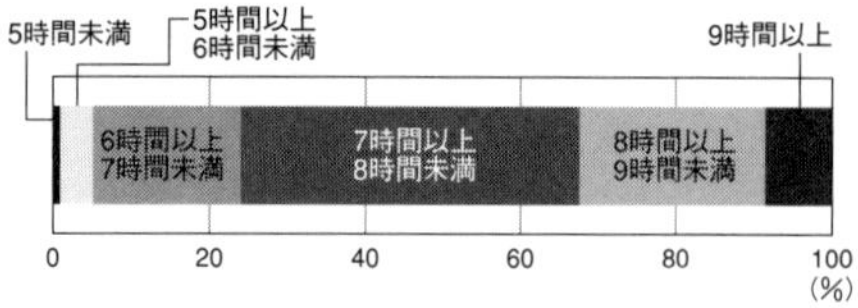

厚生労働省「国民健康・栄養調査」2007

ばいいのでしょうか。いくつかポイントがあります。

まずは、朝。起きてすぐに太陽の光を浴びると体内時計がリセットされます。できるだけ毎日、同じ時刻に起きるように心がけましょう。それから、朝食も重要。体内時計は胃にもあり、朝食を取ることでリセットされます。光と朝食によって体内時計が「朝」にリセットされ、私たちの体は活動モードに突入するのです。

夜になれば体内時計は自然と休息モードに切り替わるのですが、私たちの日常生活には体内時計を乱してしまう原因がたくさんあります。たとえば深夜の飲食です。これによって休息モードに入ろうとしていた胃の体内時計が巻き戻されてしまい、再び活動モードに入ってしまうのです。同様に、深夜までテレビを見ていたり蛍光灯などの強い光を浴びていると、体内時計は活動モードに。メラトニンの生成も抑制されてしまいます。最低でも就寝時刻の1時間前になったら、テレビを消して照明をおとし、心身をリラックスさせるように心がけましょう。パソコンもダメです。

体内時計の乱れ以外にも睡眠の邪魔をするものがあります。たとえば寝る直前の熱いお風呂や激しい運動。血圧や体温が上がってしまい、寝付きにくくなります。それからいわゆる「寝酒」も、興奮を促し覚醒作用があるため、じつは逆効果です。

「そんな理想論をいわれても、現実には仕事が忙しくて眠る時間がとれない！」

ごもっともです。仕事から帰ったらシャワーを浴びて眠るだけという人、けっこう多いのでしょうね。でも、忙しい人ほど睡眠が大切なのもまた事実。睡眠時間が十分にとれない人は、睡眠の質を高める工夫をしましょう。

もっとも簡単で効果的なのはベッドのマットを交換することです。20代のときに購入した値段の安い——つまり、スプリングコイルが少なくて柔らかすぎるマットでは、睡眠中に体が沈み込んでしまい、熟睡することができません。多少、値段は高くなりますが、スプリングコイルが密に入ったかためのマットのほうが睡眠の質が向上するのです。マットを手で押したときに3cmほど沈みこむくらいのかたさが目安です。

快適な睡眠は日中の活力の源。「食」と同じくらいか、あるいはそれ以上に大切なものです。いい仕事をしたいと思う35歳は、睡眠をもっと大切にしなければいけません。

◉寝具一点豪華主義

ハードワークに明け暮れる35歳の選択として、寝具にお金をかけるのは理にかなっている。敷き布団にしろマットレスにしろ、適度に反発がある柔らかさが快眠の鍵。これ、ようするに素材が高いものほどよいということ。

お金をかけて快眠が得られれば、仕事のレベルもあがり、給料もあがるという好循環を手にしたい。

自己管理

ワーク・ライフ・バランスのウソ

少し前に「ワーク・ライフ・バランス」という、なにやら耳あたりのいい、しかしどことなくうさんくさい言葉が、マスコミなどでさかんに使われていたことがありました。聞き覚えのある人も多いでしょう。直訳すると「仕事と生活の調和」ということになるでしょうか。ニュアンスをくみとるとすれば、仕事ばかりしていないでプライベートな時間も大切にしましょう、ということになるのでしょう。

◉うつ病というリスク

働き過ぎの35歳を襲う病気は身体よりもむしろ心。ハードワーカーの罹患率は高い。「心の風邪」といわれることで軽く見られているが、実はおそろしい病気だ。

なにより長期にわたって仕事を休まざるを得なくなる。また、治ったとしても、約半数の人が一年以内に再発する。

早めに医者にかかった方が治りが早いというのは他の病気と同じだが、大学病院なら安心というわけでもなく、いい医者にあたるのは難しい。10分以上、場合によっては30分くらい時間をとって診察してくれるのなら、良心的。

マスコミだけではありません。政府や経済界なども好んでこの言葉を使いました。そして2007年には、両者によって「ワーク・ライフ・バランス憲章」なるものが策定され、仕事と生活が調和した社会の実現が提唱されたのです。まったくご親切なことです。

「そんなことは言われなくてもわかっている」ですよね。

さらに言えば「あんたらに言われたところで、どうしようもない現実がある」でしょう。仕事はひっきりなしに上から降りてくるし、下がやらかした不始末の尻ぬぐいもしなければならない。結局、自分自身の仕事に取りかかれるのは定時をとっくに過ぎた午後8時から。そんな生活が日常化しているみなさんにとって、ワーク・ライフ・バランスの正常化など「絵に描いた餅」です。

どうせ、現場のことなどなにも知らない、つるんとした顔の役人たちがウケ狙いで考え出した政策に違いないのです（本気で国民のことを考えていたのだとしたらゴメンナサイ）。

それはそれとして、です。みなさんの仕事と生活のバランスが崩れているのは事実です。インターワイヤードの調査（2007年）では、「いまの自分に足りないものは?」という問いに対して、3位が「時間」で4位が「余裕・ゆとり」という結果が出ています。別の調査では、1日のうちで自分の自由になる時間は「2時間以内しかない」という回答が第1位になっています。2時間など食事をして風呂に入ったら終わりです。

では、どうしたらいいのか。残念ながら画期的な処方箋はありません。

あえていうならば、35歳のあなたに与えられた試練として、受け入れ、乗り越えてしまうことです。6％に近づこうとしている失業率を横目で睨みながら、やるべき仕事があることを幸せなことだと自分に言い聞かせるのです。

そのうえで仕事の徹底した効率化を図る。これも忘れてはいけません。たとえば早出残業。頑張って早起きをして、始業時間よりも1時間早く出社し、集中して仕事を片づけてしまうのです。脳がリセットされて疲れがとれているうえに余計な邪魔が入らないため、早出の1時間は通常の残業よりも数倍も効率的だといわれています。

「やればやるほど、まだまだできると思って仕事を押しつけられる」

困ったものです。本当に、つける薬がありません。

これはもう「できる男」の宿命と考えるよりほかに方法がありません。そして、1日も早く、管理する側にまわることです（それはそれで苦労があるのでしょうけれども）。くれぐれも過労からうつ状態にならないように。自分を守れるのは自分だけなのですから。

ビジョン

すべては未来の自分に対する投資

何ページか前に「健康のために3日に1度は1時間のウォーキングを」というようなことを書きました。これを読んで「そんなヒマ、あるわけがない」と思った人がけっこう多

◉人工透析
血液中の老廃物や有毒物質をこしとるのが腎臓の役割。この機能が低下した状態が腎不全。放置しておけば死亡してしまう。そこで、人工腎臓を用いて血液中の老廃物や有毒物質を除去する人工透析が必要になる。

いのではないでしょうか。あるいは「そんな時間があったら、睡眠時間にまわす」と。わかりました。やむを得ないでしょう。そのかわりに、ちょっとした覚悟が必要です。

運動不足のため肥満になり、糖尿病を発症したとしましょう。メタボリックシンドロームの人が糖尿病になるリスクは、前にも書いた通り、正常な人の5倍でしたね。さらに、糖尿病が悪化して腎臓病を併発します。やがて慢性腎不全になり、人工透析が必要になってしまいました。人工透析を受けなければ死んでしまいますからね。

じつはこれ、非常によくあることなのです。日本透析医学会によれば、糖尿病を経て慢性腎不全になった人の割合は、人工透析を受けている人の半数近くにもおよんでいます。

1回の人工透析にかかる時間は4時間ほどで、これを週に3～4回行なわなければなりません。3日に1度、1時間のジョギングをするのとどちらを選ぶかということです。

その1時間は未来に対する投資だとは考えられないでしょうか。逆にいえば、いま、3日に1度の1時間を惜しむということは、未来から借金をするようなもの。何十年かあとに、とてつもない利息をプラスして返済しなければならないのです。

これは、タバコも同じこと。乱れた食生活や睡眠不足も同様です。節制は未来への投資であり、不節制は未来からの借金です。

いまと未来とでどちらが大切かという話ではありません。いまを犠牲にするのではなく努力をするのです。

CHAPTER

4

MONEY

お金①

スタート

人生に「必要」なお金とは

お金は、必要だけど、重要ではない。

インディアンの世界には、古くからそんなような格言があるそうです。

ここから読みとれることは、ふたつあります。

ひとつは、お金を得るために、人として大事なこと（モラルとか、マジメさとか、ようするにお金で買えないもの）をないがしろにしてはいけません、という先人の教え。

もうひとつは、個人差はあれど、準備しなければならない「必要」なお金の額があるという経験則です。

では、「必要」なお金とはなんなのか。

簡単に言えば、これから先、子どもや家を持ったり、病気やケガをするリスクに備えるためのお金です。また、その人生の基礎となる生活費も含まれます。

ならば、その「必要」なお金とは、いったいいくらなのか。

それを、この章で考えてみます。

さきに忠告しておくと、みなさんがこのさき「必要」になるお金は、想像しているよりもおそらく多いことでしょう。しかし、目をそらしてはいけません。なにしろ、これからさきの人生は「必要」なお金を必要なだけ手に入れることで成立していくのですから。

◉お金持ちへの憧れ

大人にとってひとつの目標である「お金持ち」は、子どもには魅力的に映らないようだ。「お金持ちがかっこいいと思うか」を聞いた調査で、「そう思う」と答えた高校生は23%、「そう思わない」は59%。お金よりも夢。そんな意識がうかがえる。（金融広報中央委員会「子どものくらしとお金に関する調査」2005年度）

ということで、さっそく「必要」なお金を挙げていきたいのですが、なにしろ、残りの人生は50年近くもあります。相対する相手が大き過ぎます。

そこで、ここでは、中国に古代から伝わる「五計」という考え方を参考にしてみます。

五計とは、以下のとおりです。

生計　健康を保持しながら生きるための計画・計算
家計　家族を持ち、維持していくための計画・計算
身計　キャリアプラニング。仕事で身を立てていくための計画・計算
老計　老後を生き抜いていくための計画・計算
死計　自分の死と、死後に残すものについての計画・計算

人生とお金という壮大なテーマも、5つくらいに分割して考えると、手をつけやすくなります。手のつけ方もなんとなく見えてきますし、問題点も見えやすくなります。

生計

このさき20年「必要」なお金は増えていく

まずは生計。みなさんが生きていくために「必要」なお金についてです。

生きていくために「必要」なお金は、「支出」を見ることで知ることができます。

そこで、年代を追って世帯（2人以上の勤労者世帯）の平均支出額を見てみると、1ヶ

30代の平均消費支出

食料費	6万1,721円	交通・通信費	4万5,313円
住居費	2万5,060円	教育費	1万3,047円
光熱費・水道費	1万9,550円	教養娯楽費	3万　674円
家具・家事用品費	9,095円	その他	4万9,411円
被服および履物費	1万3,220円	交際費	1万5,072円
保健医療費	1万　440円	仕送り金	848円
		消費支出計	27万7,531円

※消費支出……生活を維持するために行う支出のこと。税や社会保険料などは含まれない。
※2人以上の世帯（世帯主の平均年齢は35.2歳、平均世帯人員は3.63人）。
総務省「家計調査」2008

月あたりの金額は以下のようになります（総務省「家計調査」２００８年）。

30～39歳　　35万２５２１円
40～49歳　　44万４３２６円
50～59歳　　48万２９１１円
60歳～　　　36万８２７２円

年額で考えると、×12ヶ月として、30代で年４２３万円、40代で５３３万円、50代がもっとも高く５７９万円、60代で４４１万円。世間の家庭では、平均的な暮らしをいとなんでいく上で、これだけのお金を「必要」としているということです。

補足しておくと、右の金額には、衣食住に関する費用のほか、光熱費、通信費、交通費などが含まれます。また、社会保険料も含まれていますので、原則として、「いずれ年金を受け取れる権利」がついています。ただし、貯金や民間会社の保険料は含まれていません。

もうひとつ注意したいのは、右の金額が、「世帯」あたりの支出額であるということです。なかには、「けっこう多いなあ」「オレの給料を超えているじゃないか」と、早々に絶望感になげく方もいるでしょうが、みなさんの給料でこの額がまかなえない場合には、ひとつの方法として、妻に働いてもらうという選択肢があります。

さて、この金額から読みとるべきことはなんでしょうか。

この際、みなさんの現在の支出が、平均値を上回っている、下回っているという比較の話は、割とどうでもいいことです。着目しなければならないのは、これから60歳の声を聞くまで25年の間、支出額が増え続けていくということです。

しつこいようですが、これは、平均的な暮らしをいとなんでいくために「必要」なお金の話であり、ぜいたくを楽しむためのお金はまったく計算に入れていません。

家計

結婚するためには１６９万円

つぎに、家計です。

家計は、家庭を持ち、維持していくためのお金であり、その第一歩は、結婚です。では、現在独身のみなさんが、家庭を持つためにはいくら「必要」なのか。

たとえば、「ゼクシィ」（リクルート発行）の「結婚トレンド調査２００８」には、結婚費用の平均が４２１万円とあります。ご祝儀の平均である２２４万円を差し引いて、実質１９７万円用意するというのが、ひとつの目安になるでしょう。ただし、結婚するだけでは、新生活のスタートとはなりませんから、その他の費用として、新居を借りたり、家財

平均結婚費用

結納・会場費	12.2万円
両家の顔合わせ・会場費	5.5万円
婚約指輪（2人分）	19.9万円
挙式、披露宴・パーティ総額	317.4万円
新婚旅行	53.6万円
新婚旅行土産	12.91万円
費用総額	420.5万円

※算出方法により、項目別平均額の総額と費用総額は異なる。
リクルート「ゼクシイ結婚トレンド調査2008」

◉生涯未婚の可能性も
生涯未婚率（50歳の時点で未婚である人の割合）は、1965年は1・5％だったが、2005年には16％と、10倍に増えた。結婚しない（できない）人生は、決して人ごとではない。

道具を新調したりする資金が必要です。その平均は141万円（ゼクシィ「新生活準備調査」2008年）。

これらを合計すると、ざっと338万円です。あなたと配偶者ふたりで折半して準備するならば、169万円が、家庭を持つために「必要」なお金だといえます。

一方で、家庭を維持していくために「必要」なお金についても考える必要があります。この金額は、前項で示した「生計」（30代で423万円、40代で533万円、50代で579万円）が、2人以上の世帯の平均支出額ですから、これが目安になるでしょう。つまり、夫の収入と妻のパート代などを足して、これくらいの金額になる見込みが立つのなら、「平均的」な家計を維持していくことができるということです。

独身のみなさんにとって問題なのは、この額を下回る場合です。

支出額が平均を下回れば、当然ながら、夫婦、あるいは家族の生活レベルも、平均以下に落とさざるをえなくなります。すると、その点に着目した女性（おそらく、ほとんどの人が一度は着目します）の中で、「平均以下の暮らしはイヤだわ」と考える人が現れます。さらにその中で、「かせぎが少ない人とは結婚したくないわ」と考える人も現れます。

じっさい、現れています。ここ3年で結婚した男性の割合を見ると、年収400～500万円の人（21％）と200万円未満（11％）との間に、2倍の開きがあります（厚生労働省「第6回21世紀成年者縦断調査」2009年21）。年収によって、「売れ線」と「売れ残り」の差がついているということです。

意識調査においても、自分より年収が低い男性との結婚は、49％の女性にとって「考えられない」そうです（エキサイト調べ／2009年）。いくら以上ならば「考えてくれる」のかは断言できませんが、女性の平均年収が、25～29歳で295万円、30～34歳で300万円（国税庁「民間給与実態統計調査」2007年）であることを踏まえると、300万円前後に境界線があるように見えます。ちなみに、男性は、女性の収入が自分よりも「かなり上」であっても「かまわない」という人が52％と半数以上に及んでいます。

データ

◉主夫という選択も

厚生労働省によると、国民年金の第三号被保険者となっている男性は8万人以上。10年前の2倍に及ぶ。また、30歳代男性の69％が、妻の収入がよければ専業「主夫」でもかまわないと回答している。（オーネット「結婚意識調査」2009年）

22歳までの養育費は1640万円

結婚のさきには、子どもがあります。ここでも、「必要」なお金があります。

たとえば、生むためにかかるお金です。

ただし、これはたいした額ではありません。出産には30～40万円くらいのお金がかかりますが、その補助として、医療保険制度から、42万円の支給が受けられるからです（2009年10月から2011年3月までの暫定措置）。ようするに、病院に通うバス代と、生まれた子に着せる洋服代くらいあれば、実質0円で子どもが生めるということです。

ほかにも、妊娠中には、定期検診費用を補助する制度があったり、産後は、子どもが病気をした際にかかった医療費を補助してくれる制度もあります（これらは自治体によって支給額の差があります）。

データ

子どものこづかい平均額

	大都市	中都市	郡部
小4生	745円	1,021円	1,032円
小5生	1,153円	962円	1,187円
小6生	1,200円	1,370円	1,406円
中1生	2,342円	2,177円	1,719円
中2生	2,435円	2,962円	2,151円
中3生	3,584円	2,752円	2,764円
高1生	5,199円	5,389円	4,562円
高2生	6,150円	6,357円	5,118円

ベネッセ教育研究開発センター「第1回子ども生活実態基本調査報告書」2004

また、産休中に雇用保険から給付金がもらえる制度（育児休業基本給付金）もあります。少子化の日本において、子どもを持とうとする親への手当ては充実の一途です。

考えなければならないのは、そこからさきです。子どもが、一丁前に食べたり、遊んだり、勉強するようになるころから、家計の圧迫が始まるからです。

では、子どもという家族がひとり増えると、支出はどれくらい増えるのか。

子どもひとりを、生まれてから22歳までに育てるために「必要」なお金は、合計1640万円だそうです（「AIU現代子育て経済考」2005年）。内訳は、食費が671万円、衣類費が141万円、保健医療・理容費が193万円、こづかい（お年玉、レジャー費、大学生への仕送りなどを含む）が451万円など。単純計算で、年当たり75万円、月6万円ほど支出が増えます。

これくらいなら、なんとかまかなえそうですか？

まかなえそうであれば、子どもを「生き物」として育てていくことはできます。

公立でも570万円は「必要」

子どもは「生き物」として生まれ、「人間」として成長します。その変化に欠かせないのが、教育であり、親は、そのために「必要」なお金を準備してやらなければなりません。

憲法には「義務教育は、これを無償とする」（第26条2項）とありますが、授業料はタダでも、

私立VS.公立の学習費

【学校別の学習費総額】

	公立	私立
幼稚園3年間	75万3,932円	161万5,218円
小学校6年間	200万4,804円	823万9,104円
中学校3年間	141万5,256円	380万8,173円
高校3年間（全日制）	156万1,509円	313万5,702円

【コース別の学習費総額】

すべて公立 → 総額 573万5,501円

高校から私立 → 総額 730万9,694円

中学校から私立 → 総額 902万4,011円

すべて私立 → 総額1679万8,197円

※幼稚園は3年保育で計算。
※学校教育費、学校給食費、学校外活動費の総額。
文部科学省「子どもの学習費調査」（2006）より作成

鉛筆代は「必要」なのです。

では、教育費はいくらなのか。

「子どもの学習費調査」（文部科学省／2006年度）を参考にすると、各学校でかかる年間の学費（中学校以下は給食費、学校外活動費を含む）は以下のとおりです。

幼稚園　公立25万1324円　私立53万8406円（公私比率1：2）
小学校　公立33万4134円　私立137万3184円（同1：4）
中学校　公立47万1752円　私立126万9391円（同1：3）
高校　公立52万0500円　私立104万5234円（同1：2）

右に示している金額は、文具代や本代、学習塾費、習いごとなどを含めた平均値です。公立の場合は授業料がかかりませんから、授業料以外にかかるお金が右記の金額ということ。私立の場合は、授業料を含めて、右記の金額です。

ここで踏まえておきたいのは、とりあえず子どもひとりを、すべて公立で高校卒業まで進学させる場合でも、570万円は「必要」だということです。単純計算すると、子どもが生まれてから、15歳になるまでに570万円貯めるのであれば、年あたり38万円、月3万円ずつ貯めていくということです。

子どもの教育に「必要」な金額を考える上では、もうひとつ踏まえておきたいことがあります。それは、現実問題として、公立と私立で顕著な学力差が表れるようになったということです。世間では、中高一貫の私立進学校からトップクラスの大学に入るというコースも定番となりました。

それを踏まえた上で、「子どもの教育は、学習環境ではなく自主性だ」と言いきれる人なら、おそらく、「必要」な額は570万円です。「勉強は環境次第だ」と考える人なら、「必要」となる額は、コース次第で、その3倍くらいまで増える可能性があります。

貧乏家庭の活路は国立大学

文部科学省の調査（学校基本調査）によれば、2009春の大学進学率は、現役と浪人を合わせて5割を突破したそうです。みなさんの子どもが高校を卒業する18年後は、いよいよ全員大学入学の時代かもしれません。

ならば、大学の費用も、子ども教育費として「必要」なもののひとつといえます。

大学の授業料は、学部によって大きな差が出ます。私立大の文系は450万円、理系で600万円。もっとも高い医学部はどの私立大でも軒並み2000万円以上であり、大学によって4000万円を超えるところもあります。

保護者の年収と進路

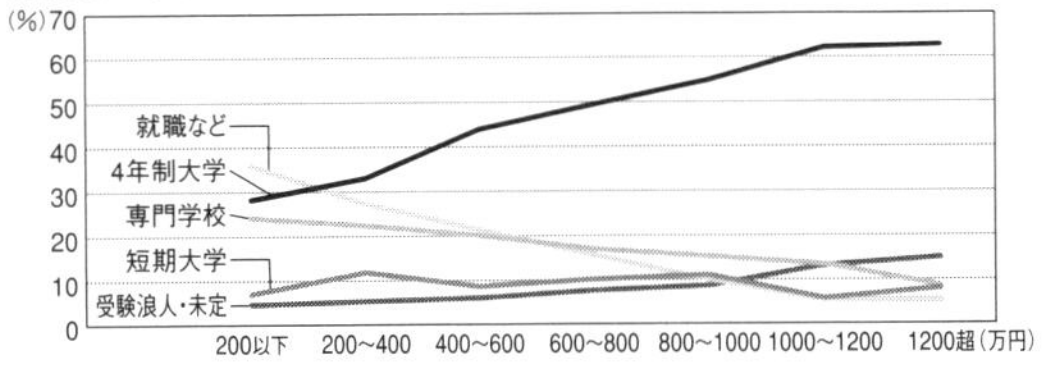

東京大学 大学経営・政策研究センター調べ（2009）

その点、国立大学は良心的です。文学部でも医学部でも、授業料は1年あたり54万円ほど。入学金（約30万円）を足しても、4年分300万円でおつりがきます。ちなみに、大学の最高峰はいまもむかしも東京大学ですが、その授業料は、親の年収が400万円未満の場合、0円になります。

どうやら、将来、学費の捻出に苦労しそうなオレ、ボク、ワタシが、子どもにキャンパスライフを楽しませてやるための活路が見えてきました。

ところで、世間には、親の年収の差が、子どもの学歴に影響するという説があります。じっさい、親の年収と子どもの大学進学率の関係を示した調査（大学経営・政策研究センター調べ／2009年）においても、親の年収が200万円未満の場合、子どもの大学進学率は28％ですが、600〜800万円未満で49％、800〜1000万円未満で55％、1200万円以上で62％といった具合に高くなっています。

年収が低い人にとって、これほど残酷な現実はありません。

しかし、ここでひとつ知っておいていただきたいことがあります。それは「親の年収が子どもの学歴に影響する」という傾向は、子どもが私立大に進学する場合に当てはまるということです。

前出の調査によると、私立大への進学率は、親の年収が200万円未満の場合で18％ですが、600〜800万円未満では2倍（37％）になり、1200万円以上で3倍（51％）になっています。しかし、国立大への進学率はどうかというと、親の年収が200万円でも600万円でもほとんど変わらず、10％強。1200万円以上でも12％強であり、大きな差はありません。

ようするに、「親の年収が高い」という条件は、子どもを私立大に進学させる際にはアドバンテージになりますが、国立大に進学させる場合には、仮に親の年収が1200万円以上あっても、「2％高くなる」くらいの影響にとどまるということです。

発想の転換

東大生の親の3割は平均並み

東京大学の学内広報（2008年）にも、興味深い調査がのっています。

調査によると、東大生の親の年収は、950万円以上が52％と、半数以上に及んでいることが示されています。なるほど、マスコミが言うとおり、東大生の親に高額所得者が多いということは数値として示されています。

しかし一方には、親の年収が450万円未満の東大生が12％いて、450万円以上～750万円未満も19％であると書いてあります。つまり、東大生が10人いれば、そのうち3人の親は、平均的か、平均よりちょっと高いくらいの年収だということ。「東大生の親は高収入が多い」という事実が、すなわち、「低収入の家庭の子どもは東大に入れない」

ということではないのです。

余談ですが、ハーバート大学心理学研究室教授であるスティーブン・ピンカー氏の著書『人間の本性を考える』（NHK出版）に、以下のような記述があります。

第1法則…子供の行動特性はすべて遺伝である

第2法則…家庭環境の影響は、遺伝子の影響より少ない

子どもの行動特性（頭が良いか悪いかも特性のひとつ）に影響する度合いは、第1法則が50％で、第2法則はほとんどなく、あっても10％程度だと著者は書いています。つまり、「生まれ」の影響は「育ち」よりはるかに大きいということです。

すると、「東大生の親は高収入が多い」という事象についても、もともと親が優秀で、それが子どもに遺伝したから、東大に入れたのではないかという仮説が立ちます。つまり、親が高収入であるのは、親当人が優秀だから、高収入の仕事に就けたという結果であり、子どもが東大に入ったこととは因果関係がないという見方です。

さて、東大生が東大生になれたのは、親のお金の力でしょうか。

それとも、親の遺伝子の力でしょうか。

どちらを「信じる」かはみなさん次第です。なぜ「信じる」なのかといえば、優秀な子どもに育つかどうかは、育ててみなければわからないからです。

塾に通わせ、家庭教師をつければ、お金をかけた分だけ、子どもが優秀になる「期待

値」は高くなります。しかし、本当に優秀になるのかといえば、それはわかりません。みなさんの遺伝子が優秀かどうかもわかりません。結局のところ、子どもについてわかっていることは、「わからないことだらけ」だということです。

わからないことだらけの場合はどうすればいいのか。

わかっていることに目を向けることです。わかっていることとはつまり、子どもを大学に入れるためには、最低でも300万円ほどの学費と、子どもの学力が「必要」だということ。大学に入れなかった理由が、学力不足ならば子どものせい、学費不足なら親のせいだということです。

身計

年収は10年前より100万円減

ここまで見てきた生計と家計は、いずれも生きていく上での「支出」に関連した話です。これをまかなうのが、身計。つまり、仕事をして得る収入です。

さて、これまでに見てきた中での重要なポイントはなんだったか。

生きていくために「必要」なお金が、40代、50代に向かって増えていくということです。

身計を考える際のポイントも、ここにあります。つまり、みなさんの収入が、このさき「必要」になるお金が増えていくのと同じくらいのペースで増えていくかどうかです。

35歳の不安

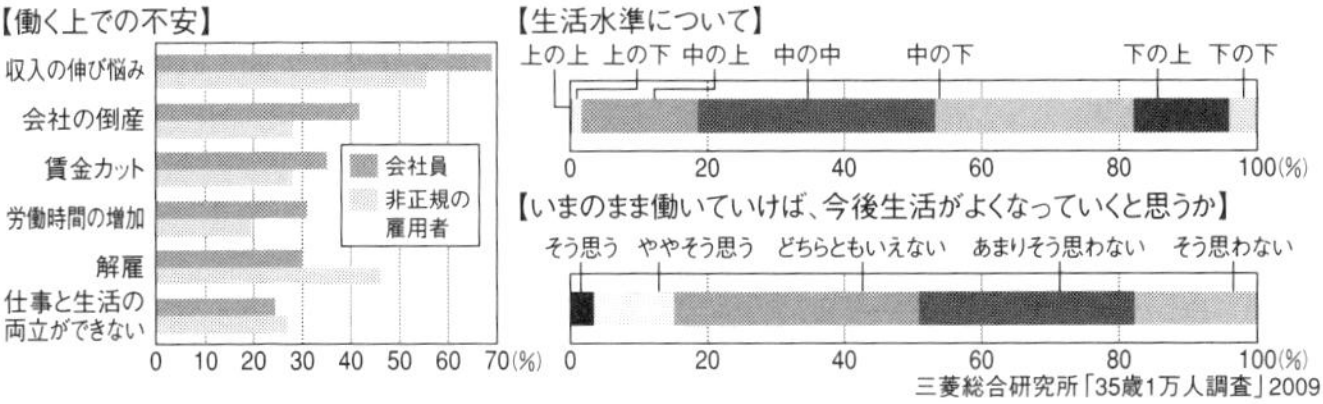

三菱総合研究所「35歳1万人調査」2009

データを見るかぎりでは、なんとかなりそうに見えます。というのも、概算では、みなさんに「必要」となるであろうお金は、30代で年423万円、40代で533万円、50代で579万円と推移しますが、世帯あたりの平均所得も、30代の547万円から、40代で702万円、50代で730万円と増えていくからです（厚生労働省「国民生活基礎調査」2008年）。

しかし、これを真に受けて安心すると、落とし穴にはまります。

右に示した推移は、あくまで現時点で40代、50代の人の話であり、みなさんがこの年代に達するころには、年収は、おそらく右の通りには増えないからです。

それを「実感」として示しているのが、「35歳1万人調査」（三菱総合研究所）です。この中では、正社員の69％が、働く上での不安として、「収入の伸び悩み」を挙げています。

また、「事実」として示しているのが、国民生活基礎調査に見る、1世帯あたりの所得金額の推移です。1章「仕事」でもふれましたが、1世帯あたりの所得（全年代平均）は、10年前（1998年）よりも100万円以上減っています。

ここで着目したいのは、全員の収入が一律に低くなったわけではなく、40代、50代と年をとるほど、減少額が大きくなっている点です。

参考までに1995年と比較してみると、年代別の減少額は以下のとおりです。

30代　591・6万円↓546・7万円（▲44・9万円）
40代　753・2万円↓701・7万円（▲51・5万円）

50代　869・5万円↓730・3万円（▲139・2万円）

ここからわかるのは、これまでのように支出と収入がリンクし、「年をとった」という要素だけで、「必要」なお金が必要なだけ手に入った時代が、終わるだろうということ。そして、みなさんの年収における減少額は、右に示した額よりも大きくなるだろうということです。

一般に、サラリーマンの生涯年収は、大卒男性の平均で2億円の後半くらいといわれています。したがって、みなさんの中にも、「このままいけば3億円くらいに達するだろう」と推計している人がいるかもしれません。生涯3億円という推計を前提に、人生計画を立てようと考えている人もいるかもしれません。

しかし、これほど危険なことはありません。生涯3億円が実現しないことを暗示するデータはあっても、実現することの根拠となるデータはないからです。

ならば、身計を立てる上で、まっさきにやらなければならないことがあります。みなさんの年収が「年齢とともに順調に増えていく」というジョーシキを捨てることです。

選択のとき

転職しなければならないときがある

身計を考える上でのポイントは、このさき支出が増えていくことを踏まえ、「必要」なお金を必要なだけ手当てできる収入源を持つことにあります。しかも、「年齢とともに順調に増えていく」という従来のジョーシキに頼ることなく、です。

では、どうすればその収入減が確保できるのか。

条件は、ふたつあります。

ひとつは、みなさんが有能であること。会社は、無能な人を放出する一方で、有能な人を、高い給料を払ってでも確保したいと考えるからです。

もうひとつは、みなさんが勤めている会社が成長していること。成長している会社に、人は不可欠であり、お金が集まるからです。

この2点を満たしていれば、古き良き「終身雇用」も夢ではありません。

問題は、みなさんが無能である場合や、みなさんが勤める会社が成長していない場合です。みなさんが無能なら、それは自分でなんとかしていただくしかないのですが、会社が伸び悩んでいる場合も重症で、いくらみなさんが有能でも、収入は伸びません。伸びないどころか、減ったり、なくなったりすることもあります。

会社が成長していないことに気がついてしまった場合の選択肢は、あまり多くありません。ひとつは、有能さを発揮して、会社を建て直し、成長させること。もうひとつは、見切りをつけること。「35歳転職限界説」という世間の定説がある中で、あえて転職に踏み切るということです。

◉**終身雇用は幻想だった**
総合研究開発機構のレポートには、「終身雇用制度は、制度といえるほど、社会全体に長期間存在していたことすら怪しい」という一文がある。その根拠として、大卒で就職した現在50代男性の勤続年数で、30年前後に達しているのは、大企業（従業員1000人以上）の製造業だけ（31年）であり、サービス業では20年にとどまっていることを挙げている。勤続率が高い製造業においても、中規模企業（100〜999人）では6〜7年短く、小規模企業（10〜99人）では20年以下。勤続率が高い「大企業の製造業」で働く人は、全体の9％だけである。

転職したら賃金はどうなった?

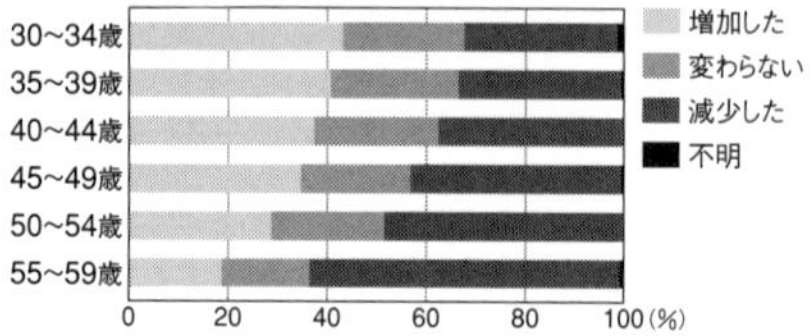

※一般正社員の場合。
厚生労働省「転職者実態調査」2006

じっさい、35~39歳で転職した人のうち、離職理由として「会社の将来に不安を感じたから」を挙げている人は20%、「賃金が低かったから」は16%に及んでいます（それぞれ、「自己都合」で離職した66%の31%、24%／厚生労働省「転職者実態調査」2006年）。転職は、キャリアアップのためだけにあるだけでなく、能力の上に成り立つ身計を守る手段でもあるのです。能力を正しく身計に結びつけるための補正手段ともいえます。

お金という点から見れば、転職がみなさんの年収に及ぼす結果は、当然ながら、「増えた」「現状維持」「減った」の3つです。また、それぞれの割合は、35~39歳の場合で、41%、26%、33%です。つまり、転職した人が10人いれば、4人は増え、3人は変わらず、3人は減ります。

ここで注目したいのが、「増えた」人と「減った」人の割合が、年齢とともにどう変化しているかです。

調査によると、「増えた」人から「減った」人を差し引きした数値は、25~29歳で16%、30~34歳で12%、35~39歳で8%と、非常にわかりやすく減っています。40~44歳では、いよいよ「減った」が「増えた」を上回ります。だから、「35歳限界説」です。

ただし、勤めている会社が伸び悩んでいるならば、いまが最後のチャンスと見ることもできます。世間的には「限界」でも、40歳で転職し、年収を減らすよりはマシだからです。

もうひとつ注目したいのが、「現状維持」です。

会社を辞めた理由TOP5

1位	労働条件(賃金以外)がよくなかったから
2位	会社の将来に不安を感じたから
3位	満足のいく仕事内容でなかったから
4位	賃金が低かったから
5位	能力・実績が正当に評価されなかったから

※複数回答。35〜39歳、自己都合による離職の場合。
厚生労働省「転職者実態調査」2006

転職にはリスクがともないますから、転職した結果、年収が「現状維持」なら、リスクを背負った分だけ失敗のような気がします。

しかしそれは、成長している会社間で転職するキャリアアップの話。いま勤めている会社が斜陽ならば、その先には、年収が減る、あるいはなくなるという可能性があります。その場合の最悪の選択は、沈み行く会社に残ってしまうことです。

ならば、転職した結果、年収が「現状維持」であっても、それは実質、増えたということであり、成功だといえます。さらに言えば、転職して年収が減ったとしても、その会社がこれから伸びる（と、みなさんが思う）のであれば、将来的に「必要」となるお金を確保するという意味で、正しい選択となる可能性も高いということです。

老計

退職金1000万円がわかれ道

さらに先に目を向けると、老計、つまり老後の生活に「必要」なお金があります。

一般に、老夫婦が最低限の暮らしをいとなんでいくためには月25万円、ゆとりある生活をしていくためには37万円が「必要」だといわれています。ゆとりとは、外食を楽しんだり、旅行をしたり、家をリフォームしたりすることができる経済的な余裕です。

これをもとに計算すると、65歳まで働き、80歳まで生きた場合に、65歳以降の生活費と

年金のしくみ

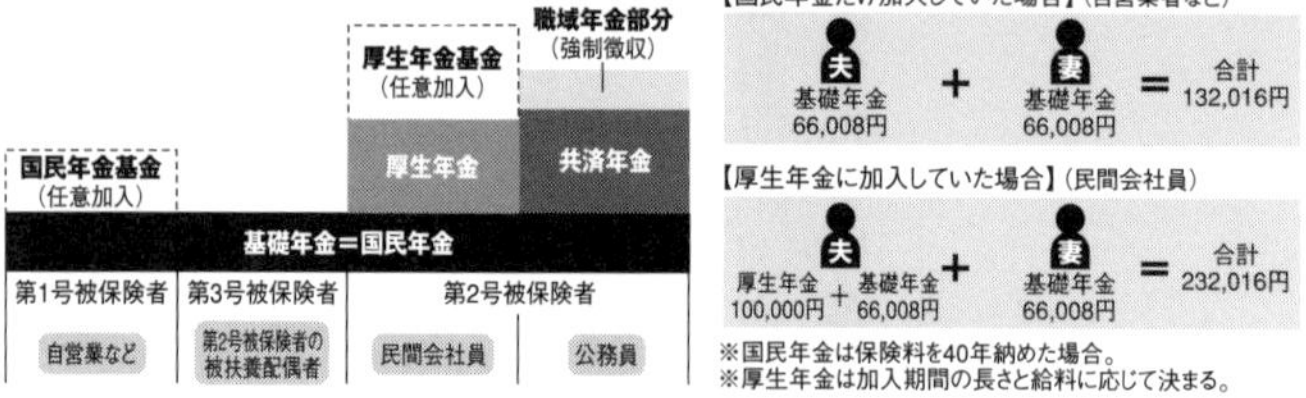

※国民年金は保険料を40年納めた場合。
※厚生年金は加入期間の長さと給料に応じて決まる。

して「必要」なのは、以下のとおりです。

最低限の暮らし……４５００万円

ゆとりある暮らし…６６６０万円

さて、これをどう準備するか。

まずは年金としてもらえる分を差し引くことができます。

社会保険庁の年金額簡易試算を参考にすると、現在35歳のみなさんは、65歳から、月18万円ちょっと、年２２１万円の年金がもらえます（※22〜60歳までサラリーマン勤め。期間中の月給が平均45万円だった場合）。年金がもらえるかどうかは、はっきりいってわかりませんが、ここでは思い切ってもらえることを前提として考えます。すると、80歳まで生きた場合でだいたい３５００万円の年金がもらえることになりますので、差し引きして、

最低限の暮らし……１０００万円

ゆとりある暮らし…３１６０万円

となります。65歳になった時点で、これだけのお金を持っていれば、とりあえずひと安心です。もし、年金制度が変わり、支給が65歳よりも遅くなった場合には、遅れた年数×２２１万円を掛けて、右の金額に足してください。70歳からになった場合には、プラス１１０５万円です。

ここでポイントとなるのは、サラリーマンや公務員の人には退職金があるという点です。

この分も、右から差し引くことができます。

では、みなさんの退職金はいくらになるのでしょうか。

現在の相場を参考にすると、大卒の民間企業総合職の場合で２４１７万円、高卒の生産・現業労働者で１８８５万円（日本経済団体連合会「退職金・年金に関する実態調査」２００８年）、公務員は、常勤職員で２４５０万円（総務省「退職手当の支給状況」２００７年）とあります。中小企業（３００人未満）の場合はぐっと低くなりますが、それでも、大卒で１２２５万円、高卒で１１３０万円（東京都産業労働局「中小企業の賃金・退職金事情」２００８年）という数値が出ています。

みなさんがこれだけもらえるかどうかは定かではありません。ただ、ひとつわかっているのは、65歳になった時点で、「退職金－１０００万円」の差がマイナスだと、ゆとりある暮らしはもちろん、最低限の暮らしですら実現しないだろうということです。

死計

最低でも65歳の時点で１５００万円

計画に万全を期すならば、前頁で示したお金とは別に、あと５００万円くらいは準備しておいた方がいいかもしれません。というのも、年金と退職金で、なんとか最低限の老後の暮らしが実現できそうだ（「ゆとりある暮らし」ではないところに注意！）という場合でも、この推計は、あくまで健康だった場合の話だからです。

老後の備えに対する意識

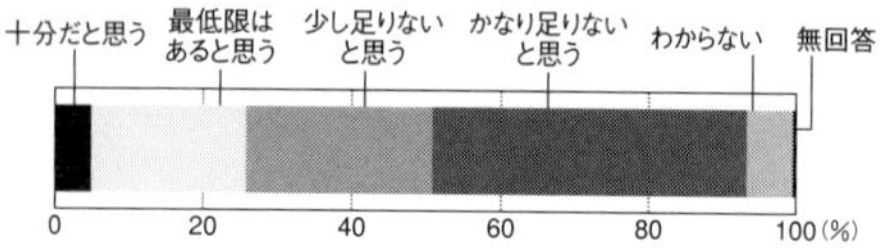

※全国55歳以上の男女。
内閣府「高齢者の経済生活に関する意識調査」2006

◉老人は何歳から？
50歳以上の都民を対象とした調査によると、「高齢者」として意識する年齢は、70歳以上がもっとも多く46%。75歳以上が高齢者と意識する割合も11%と決して低くない。

生老病死という言葉にあるとおり、年をとれば、たいていの人は病気をします。あなたが病気になるか、配偶者が病気になるか、ふたり仲良く病気になります。そのためのお金として「必要」になるのが、医療費や介護費用であり、500万円なのです。

日本経済新聞社の調査（「医療と健康に関する意識調査」2009年）によると、医療費（自己負担分）が「高い」という理由で、「受診を控えた経験がある」人は43%（「よくある」と「ときどきある」の合計）に及ぶそうです。

こんなに切ない現実があるでしょうか。痛い。苦しい。でも、お金がないから我慢する。戦時中じゃあるまいし、です。だから、500万円くらいは「必要」なのです。

なかには、病気にならず、健康に老いていく人もいるでしょう。しかし、それはそれで、うれしいことではありますが、リスクでもあります。あまりに健康すぎて、予定していた80歳より長生きしてしまうと、その分の生活費、すなわち「生」きて「活」動していくためのお金がかかるからです。

また、男性の平均寿命が79・3歳で、女性が86・1歳であることを踏まえると、男性のみなさんが死んだとき、葬式を出してくれるのは妻である可能性が高く、また、その妻は、みなさんの死後、ひとりで7年ほど生きていかなければなりません。ならば、葬式代を準備し、愛しい妻にいくばくかの生活費をのこしてやるという意味でも、しつこいようですが、やっぱりあと500万円は「必要」です。

この先の人生で必要なお金

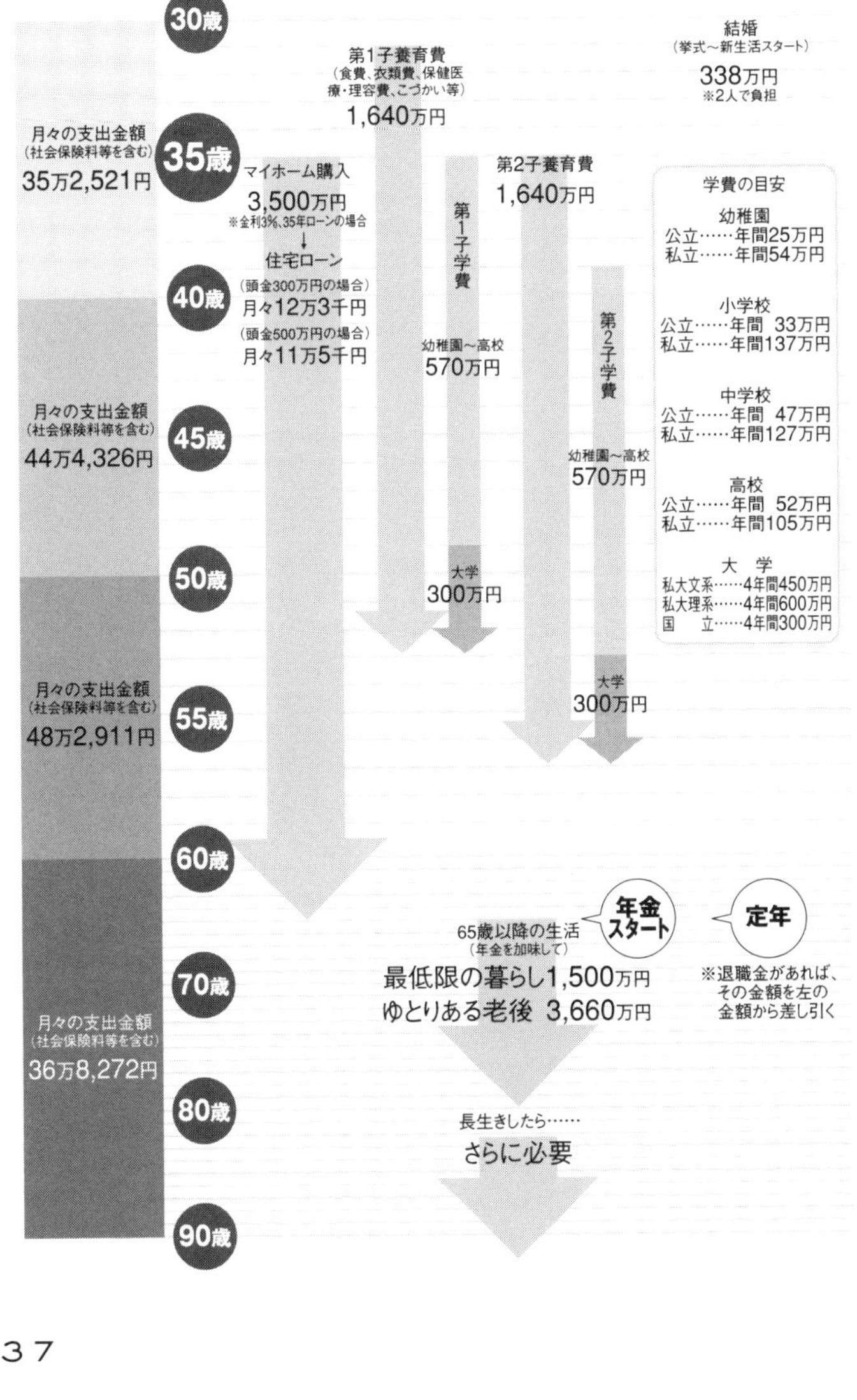
30歳
35歳
40歳
45歳
50歳
55歳
60歳
70歳
80歳
90歳
月々の支出金額
（社会保険料等を含む）
35万2,521円
月々の支出金額
（社会保険料等を含む）
44万4,326円
月々の支出金額
（社会保険料等を含む）
48万2,911円
月々の支出金額
（社会保険料等を含む）
36万8,272円
結婚
（挙式～新生活スタート）
338万円
※2人で負担
第1子養育費
（食費、衣類費、保健医療・理容費、こづかい等）
1,640万円
マイホーム購入
3,500万円
※金利3%、35年ローンの場合
↓
住宅ローン
（頭金300万円の場合）
月々12万3千円
（頭金500万円の場合）
月々11万5千円
第1子学費
幼稚園～高校
570万円
大学
300万円
第2子養育費
1,640万円
第2子学費
幼稚園～高校
570万円
大学
300万円
学費の目安
幼稚園
公立……年間25万円
私立……年間54万円
小学校
公立……年間 33万円
私立……年間137万円
中学校
公立……年間 47万円
私立……年間127万円
高校
公立……年間 52万円
私立……年間105万円
大 学
私大文系……4年間450万円
私大理系……4年間600万円
国 立……4年間300万円
年金スタート
定年
65歳以降の生活
（年金を加味して）
最低限の暮らし1,500万円
ゆとりある老後 3,660万円
※退職金があれば、その金額を左の金額から差し引く
長生きしたら……
さらに必要

これがつまり、「死計」。自分の死と、死後にのこすものについての計画です。ちなみに、日本消費者協会などの資料を参考にすると、葬儀費用の目安は200万円前後です。で、死計まで含めると、65歳から「必要」なお金（退職金を計算に入れず）は、

最低限の暮らし……1500万円

ゆとりある暮らし…3660万円

となります。わかりやすくいえば、65歳になった時点で、少なくとも1500万円は持っていなければならず、それ以上あれば、「ゆとり」のために使えるということ。退職金で1500万円をまかなえる人なら、なんとかなるかもしれません。しかし、退職金が1500万円以下の場合は、不足する分だけ、65歳までの間に貯めておくか、65歳以降に働いてかせぐか、子どもから仕送りしてもらう必要があるということです。

チェック

そして預金通帳を見てみる

以上が、このさき50年近くのこっている人生を安定させるために「必要」なお金の話です。あらためて要点をまとめると、みなさんがこれから準備しなければならないお金（退職金を含まず）は、以下のとおりです。

教育費（高校）…570万円×子どもの数（子どもが生まれてから15歳になるまで）

教育費（大学）…300万円×子どもの数（子どもが生まれてから18歳になるまで）
老後の生活費…1500万円（65歳になるまでの30年間）
総額…2370万円
補足しておくと、もし退職金が1000万円もらえるのであれば、その分を差し引くことができますから、準備するお金は1370万円です。当然、子どもを持たないのであれば、教育費はのぞいてかまいません。家がほしいのであれば、その分は足す必要があります。あとは個人差であり、アレンジです。

では、預金通帳を見てください。

そこには、残高いくらと書いてありますか？

たとえば、500万円ほどあるなら、それが、子どもの教育費（高校）をほぼカバーしますので、右の「教育費（高校）…570万円」から500万円を差し引くことができます。

貯金が1000万円ある人は、子どもひとり分の教育費（高校＋大学）をカバーできますから、65歳までに準備するお金は、老後の生活費だけで済みます。あるいは、それ以上貯めていけば、子どもの数を増やしたり、「最低限の老後」から「ゆとりある老後」へランクアップすることもできます。

ちなみに、現時点で貯金0円の人が、「最低限の老後」から「ゆとりある老後」へランクアップするためには、右の金額とは別に、65歳までの30年間で、年66万円ずつ貯めていかなければなりません。また、独身のみなさんは、結婚資金として169万円が別で必要です。仮に現在貯金0円で、3年後に結婚するなら、やはり年あたり+56万円です。

さて、この数字を見て、みなさんはいま、「なんとかなりそうだ」と胸をなで下ろしているでしょうか。それとも、はっきり見えている高額な数値と、うっすらと見えている仄暗い未来に、気絶寸前でしょうか。

「財布が軽いと、こころが重い」。そう言ったのは、ゲーテでした。まさに、みなさんのいまの心境かもしれません。「貯めとけばよかった」という嘆きの声は、「レット・イット・ビー」で過ごしてきてしまったツケといってもいいでしょう。

しかし、です。過ぎたことはしょうがありません。過去よりも未来の方が100億倍重要であると自分に言いきかせて、ここから家計を立て直すことにしましょう。

いまから計画を見直せば、多分、なんとかなります。

さて、どうやって？　次の章では、具体的な戦略を考えてみます。

CHAPTER

5

お金②

出発点

まずは1000万円貯めなさい

世間の貯蓄額

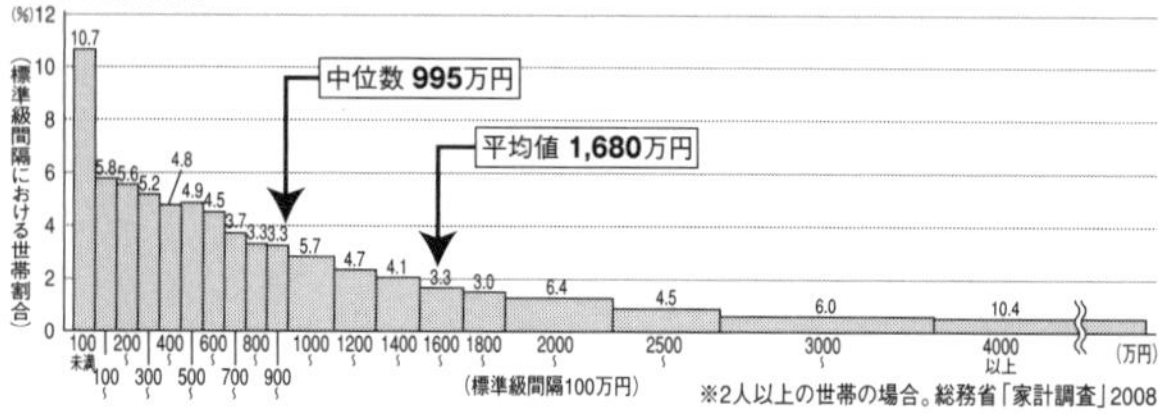

※2人以上の世帯の場合。総務省「家計調査」2008

前章で把握したとおり、子どもをひとり育て、これから残り50年ほどの人生をまっとうしていくためには、退職金が1000万円もらえるとしても、1370万円ほど「必要」です。そこから現在の貯蓄を差し引いた額が、みなさんがこれから貯めなければならない額です。

さて、みなさんは、あといくらお金があればいいのでしょうか？

たとえば、1000万円くらいあったらどうでしょう？

助かりますね。仄暗い未来に、一筋の光が射し込みます。

また、みなさんにはおそらく、「必要」なお金で手に入るもの以外にも、かなえたい夢や希望があることでしょう。それがなんであれ、1000万円くらいあれば、だいたいのことはできます。子どもが「希望」なら私立大に通わせてやることもできますし、独立が夢なら、株式会社の資本金にもなります。独立前に勉強したいことや身につけたい技術があり、一時的に会社を辞めたい場合にも、2、3年の生活費として十分に役立ちます。ベンツも買えます。家を買うにはもう一歩ですが、頭金としては十分です。

世間の貯蓄額から見ても、平均（2人以上の世帯）は1680万円ですが、中位値（＝金額順に並べたときに中央にあたる値）は995万円（総務省「家計調査」2008年）です。中位値が995万円ということは、世界が10軒の家だけで構成されていたとしたら、半分は、1000万円以上持っている家だということです。したがって、1000万円の貯金は、一人前の35歳として申し分なさそうですし、35歳たるもの、1000万円くらいは持っていなければならないような気もします。

では、貯めることにしましょう。

想定

1000万円への道のりは意外とラク

じつは、1000万円貯めるのは、そこまでむずかしいことではありません。

「ウソつけ」ですか？「そんなわけねえだろ」ですか？

まあ、聞いてください。

平均を参考にすると、世帯主が30代の世帯所得は約547万円（厚生労働省「国民生活基礎調査の概況」2008年）です。一方、支出は、2人以上の世帯で月あたり35万2521円（総務省「家計調査」2008年）、年間で計算してみると、423万円ほど。

ということは、平均並みの収入があり、平均的な毎日をすごしている世帯ならば、差し引きして、年間124万円くらいの黒字が出るということです。家計調査（2008年）においても、可処分所得（税金と社会保険料を引いた「自由につかえるお金」）から毎月の支出を差し引きして、35〜39

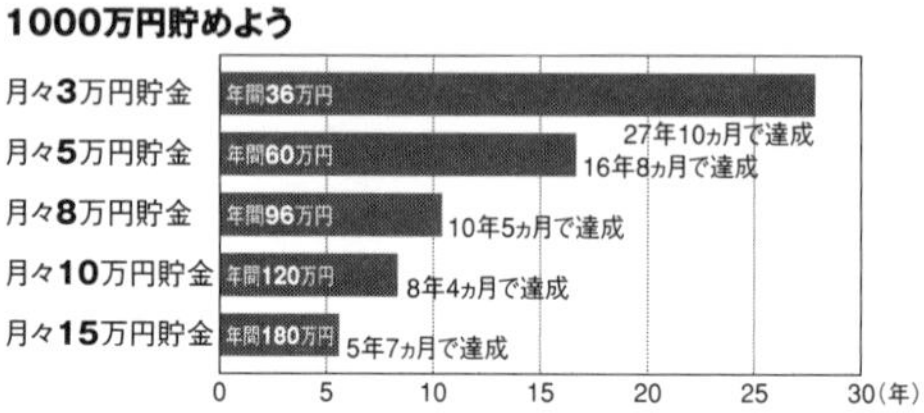

歳の世帯で、月あたり平均12万円の黒字になっています。

つまり、みなさんの預金は、普通に暮らしているだけで、自動的に年１２０万円以上増えていき、8年ほどあれば、１０００万円に達するということなのです。

これが、平均像から算出した基本形。問題は、個人差です。

みなさんの貯金が、年１２０万円以上のペースで貯まっていないのだとすれば、その原因はふたつしか考えられません。

ひとつは、支出が平均以上であること。

もうひとつは、収入が平均以下であること。

家計の基本は、

（収入－支出）＋（資産×運用率）

という方程式です。また、１０００万円という貯金は、莫大な財産がある人をのぞいて、（収入－支出）の部分で生じたプラスの積み重ねです。したがって、原因は必ず、ここにあるのです。

チェック

貧乏の原因は分不相応な生活にある

ならば、見直してみなければなりません。

ここでポイントは、たんに支出だけを見直すだけでなく、収入を踏まえて、支出を見直すということです。

たとえば、家計調査（08年）を参考にすると、世帯は、収入金額の低い方から順番に5段階にわけられています。各階級の月あたりの平均収入と平均支出（税金と社会保険料を含む）は左のようになります。

第1階級（年収367万円未満）	月収入 **24万7471円**	月支出 **20万9687円**
第2階級（年収367～504万円）	月収入 **35万 704円**	月支出 **27万8453円**
第3階級（年収504～655万円）	月収入 **45万6509円**	月支出 **35万5818円**
第4階級（年収655～879万円）	月収入 **55万5728円**	月支出 **42万9805円**
第5階級（年収879万円以上）	月収入 **82万3614円**	月支出 **60万3092円**

ここで重要なのは、「オレは第1か……」「あとちょっとで第5だ！」と一喜一憂することではありません。みなさんの支出が、みなさんが属している階級にふさわしいレベルになっているかどうか、見直すことです。

わかりやすくいえば、年収が第5階級であるにも関わらず、支出が第2階級ならば、お金は貯まるかもしれませんが、豊かな生活とはいえないでしょう。逆に、年収が第1階級であるにもかかわらず、支出が第3階級ならば、ぜいたくな暮らしは楽しめるでしょうが、いつまで経ってもお金は貯まりません。

一方で、収入階級と支出レベルが符号している場合には、年収が第1階級レベルだったとしても、それなりの貯蓄はできます。階級ごとの収入と支出の平均金額から算出すると、月あたりの黒字金額（黒字率…可処分所得における貯蓄金額）は右のようになります。

第1階級（年収367万円未満）	黒字（1カ月あたり）**3万784円**（黒字率**18％**）
第2階級（年収367〜504万円）	黒字（1カ月あたり）**7万2251円**（黒字率**24％**）
第3階級（年収504〜655万円）	黒字（1カ月あたり）**10万691円**（黒字率**26％**）
第4階級（年収655〜879万円）	黒字（1カ月あたり）**12万5923円**（黒字率**28％**）
第5階級（年収879万円以上）	黒字（1カ月あたり）**22万522円**（黒字率**34％**）

ようするに、収入に見合った支出に管理できていれば、年収階級にかかわらず、お金は貯まるということ。「お金がない」「貯まらない」という人の原因は、さまざまであるにしても、収入に対して支出が多いということだけは間違いないのです。

選択

てっとり早いのは生活水準を落とすこと

1000万円貯めるにあたり、困ってしまうのは、第1、および第2階級に属している35歳です。というのも、階級ごとの月あたりの平均貯蓄金額（第1階級が3万円、第2階級が7万円）どおりに貯めていっても、このままのペースでは、1000万円貯まるまでに、第1階級の人で27年、第2階級の人で11年半かかってしまうからです。

もう少しこの期間を短縮する方法はないものか。

じつは、あります。

支出を、階級の平均以下に落とすことです。これを世間では、節約とか倹約といいます。

辛気くさいですか？　しかし、その効果はあなどれません。

月々の支出は、第1階級で21万円、第2階級で28万円（税金と社会保険料を含む）です。これは各階級の平均であって、平均がすなわち最低レベルではありません。死なない程度に、あるいは、生活苦でノイローゼにならない程度に、支出額を下げることも可能かもしれません。

では、仮に支出を5万円減らしたらどうなるか。

暮らしぶりは、平均以下になるでしょう。しかし一方で、1000万円への道のりが、第1階級で10年半（マイナス17年）に短縮できます。第2階級なら7年になり、第3階級の人の平均を追い抜くことができます。

●**支出は平均的？**

30代の昼食代は、1回あたり平均600円。外食回数は30代で月3・6回。飲み代は、30代で1回あたり4880円、月1万7570円。（新生フィナンシャル「サラリーマンの小遣い調査」2009年）

◉積立ては財形がお得

貯金の王道は、銀行などの積立て貯金だと思っている人も少なくない。しかし、サラリーマンであれば、財形貯蓄（勤労者財産形成貯蓄制度）の利用も検討できる。これは、給与やボーナスから一定額を天引きするという仕組みは積立て貯金と同じだが、利子が非課税になるなどの優遇がある。

財形貯蓄の種類は、一般財形貯蓄、財形住宅貯蓄、財形年金貯蓄の3種。とくに住宅購入考えている人は、財形住宅貯蓄を利用することで、元本550万円までの利子等が非課税になる。

ここで、選択です。

みなさんが選びたいのは、早々に1000万円貯め、お金に関する不安が立ちこめる未来を避けたり、夢や希望を実現したりできる人生でしょうか。それとも、意地でも平均レベル（以上）の暮らしぶりにこだわり、なかなか1000万円貯まらない人生でしょうか。

ここでの選択が、みなさんの人生計画の素地となります。35歳はいま、素地をつくり、計画を立て、実行に移さなければならない年齢なのです。

当然、前者を選べば、節約の過程で辛抱や苦労があるでしょう。我慢も必須です。

しかし、お金は、1円の積み重ねによってしか貯まりません。「一銭を惜しむ心、切なり」と『徒然草』にあるとおり。小銭を貯めることが切、つまり大切なのです。

現時点で第3階級（以上）に属している人にとっても、支出の軽減は有効です。平均ペースを維持していれば、遅くても8年ちょっとで1000万円貯まりますが、そんなに待つことはありません。第3階級の平均支出は36万円ですが、世間には、それ以下で暮らしている人が大勢います。第1階級が月21万円、第2階級が月28万円で暮らしているのは、いま見たばかりです。ならば、5万円節約することくらい簡単です。7万円、あるいは10万円くらい節約できるかもしれません。

節約は、収入（可処分所得）が多い人ほど楽になるという性質があります。「わが家は収入が多い方だ」というみなさんや、第3階級以上に属しているみなさんは、そのアドバンテージを活かさない手はありません。

そもそも貯金には、いまの自分から未来の自分へのプレゼントという性質があります。いま1万円を貯金箱に入れておくことが、未来の自分を喜ばせることになります。人が常に未来に向かって生きているということを踏まえれば、常に未来の自分にプレゼントし続けていくという姿勢は、もはや必然ともいえます。

これはとくに貯金に限った話ではありません。仏教では「因果応報」といいますし、キリスト教にも、「自分でまいた種は自分で刈りとらねばならない」という似た意味のコトバがあります。

いま、貯金とどう向き合うか。この選択が、40代、50代、そして、老後の生活資金という「果」や「刈りとり」に反映されるのです。

選択

結婚した方がお金は貯まる

社会生活に目を向ければ、1000万円に近づくための方法はほかにもあります。

たとえば、みなさんが独身なら、結婚というのも、お金を貯めるための手段として、非常に有効な選択といえます。

例を挙げて考えてみましょう。

ここに、ある35歳の独身男性がいます。彼にはかわいい彼女がいて、結婚したいと考えています。しかし、年収が300万円と平均よりも少なく、結婚を躊躇しています。

みなさんは彼に、どんなアドバイスをするでしょうか。

A　お金を貯め、低年収ながらも貯蓄能力が高いことを証明するようすすめる

B　とりあえず結婚しろとすすめる

おそらく多くの人が、Aを選択します。お金のない結婚が不幸に結びつきやすいことを実感として知っているからです。

しかし、どちらの方がお金が貯まるかという点に着目すれば、答えはBではないでしょうか。

わかりやすくいえば、夫婦がそれぞれ家を借り、電気やガスを敷き、電話線を持つと、その分だけコストがかかります。イニシャルコストもランニングコストもかかります。ひとつ屋根の下で暮らせば、そのコストが抑えられます。

ついでに言うと、ひとつ屋根の下で暮らしていても、夫婦が別の寝室を使えば、その分、冷暖房代がかかります。夫が麻婆豆腐を食べ、妻がアラビアータを食べれば、その分、つくる手間がかかり、光熱費がかかります。逆を言えば、起床から就寝までの生活パターンが同じで、一緒にお風呂も入ってしまう（ああ恥ずかしい）夫婦ほど、お金が貯まりやすくなるということ。だから、夫婦仲良くすることが重要なのです。

◉結婚後の食費
単身世帯と2人以上の世帯を比較すると、衣類関係は、単身世帯が4501円、2人以上の世帯が1万5102円。食費は、単身世帯が4万7344円、2人以上の世帯が7万4408円に増える。

夫の仕事からの収入別にみた妻の就業率

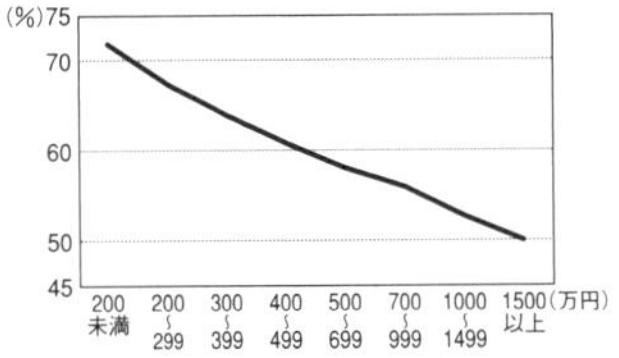

※妻が25～54歳の場合。総務省「労働力調査」2007

制度としての結婚にこだわらなければ、同棲も、お金が貯まる選択のひとつかもしれません。最近では同棲を経て結婚という人が増えており、肯定派も増えているようですが、同棲そのものは『神田川』のころからありました。

なぜ同棲するのか。

『神田川』の世界観を見ればわかりますね。貧乏なカップルにとって、同棲した方が経済的に安定しやすいからです。

妻は意外と働きたがっている

みなさんが既婚者で、すでに夫婦仲良く暮らしている場合にも、1000万円への道のりを短縮する方法があります。

再度、例を挙げてみます。

ここに、年収が平均以下の35代の男性がいます。妻は専業主婦で、子どもはいません。もう少し教育資金の目処がついたら、子どもをつくりたいと思っています。

さて、彼がとるべき行動は次のうちどちらでしょうか。

A　転職を視野に入れ、年収アップにとりくむ

B　妻に共働きしてくれるよう頼む

妻の有業率

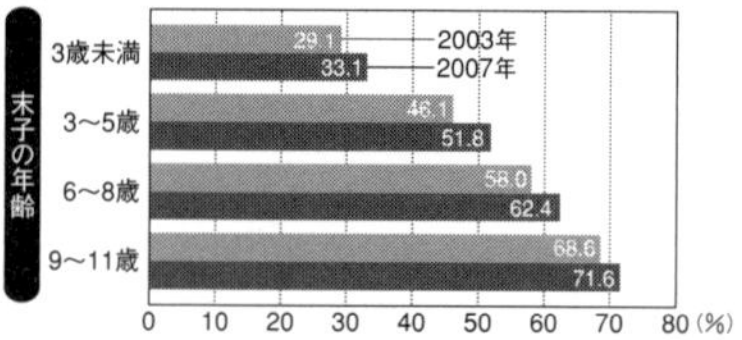

※夫婦と子どものいる世帯、15～39歳の妻の場合。
総務省「就業構造基本調査」より作成

このケースでも、やはりBの方が確実にお金が貯まりますし、教育資金も貯まりますし、転職に失敗するなどして、「あのとき、つくっておけばよかった」という後悔を抱えながら生きていく人生を避ける効果も高いといえます。

とりあえずつくっちゃえばいいじゃん、と言っているのではありません。子どもを持ちたいという目的があり、そのために「必要」なお金の額がわかっているのであれば、「わからないこと」（転職して年収アップになるかどうかわからない）に取り組むよりも、「わかっていること」（妻が働けば、世帯収入が上がり、貯金が増える）に取り組んだ方が賢明ですよね？　そういう視点で比較してみましょうね、と提案しているのです。

「そうはいっても、頼みづらい」という方のために、ひとつデータを紹介しましょう。

ユーキャンの調査（「第4回子供のいる専業主婦の意識調査」2009年）によると、妻が「夫に一番望むもの」は、「愛情」（23%）がもっとも多く、次いで「健康管理」（20%）、「いまのままでよい」（18%）の順だそうです。肝心の「収入アップ」は、17%で、4位です。また、95%の専業主婦が、「今後チャンスがあれば働いてみたい」と答えているという事実もあります。

それでもなお、「頼みづらい」「かせぐのは男の役目だ」と考えるのであれば、それは、人生計画とは別の次元にある、意地とか信条によるものです。それはそれで、大事なものかもしれません。しかし、「お金を貯める」というテーマで考える上では、いったん脇に置かなければなりません。

ポイント

少ない給料は投資で補う

1000万円への道のりを考える上では、年収以外の収入源を考えることもできます。たとえば、投資がそのひとつです。

おぼえていますか？ 家計の基本の方程式は、（収入－支出）＋（資産×運用率）です。投資とはつまり、この式の後半の部分を見直してみるということ。（収入－支出）の差から生まれる「資産」を、できるだけ高い利率で運用するということです。

補足しておくと、（収入－支出）の部分は、日常生活におけるキャッシュフローですから、「生活資金がきちんとまわっているか」「手元にお金がのこるしくみになっているか」という点がポイントになります。一方、（資産×運用率）の部分は、生活資金に組み込まれていないお金の運用ですので、さしあたって使う予定のないお金を、「ムダに放置していないか」「効率良く管理できているか」という点がポイントになります。

ようするに、使う予定のないお金があれば、それを、定期預金口座（利率は0・1％程度）に眠らせておくという方法もありますが、投資して見込める利回りがそれ以上ならば、そちらを検討した方が、1000万円への道のりを短縮することにつながるということです。

投資が、場合によっておそろしい一面を見せることは、08年からの金融危機で証明されたとおり。しかし、おそろしいものを避けることが、必ずしも最善の選択とはいえません。

経済学においては、リスクとリターンの大きさは原則として同じです。年収以外の収入源を得るためには、ときとしてリスクを受け入れることも戦略なのです。

では、どんな人に投資が向いているのか。

たとえば、そこそこの貯金はあるけれど、使う予定が決まっていないという人、もしくは、使う時期がまださきの人です。

「夢はいいものです。そうでなかったら、お金が大事です」

そう言ったのは、魯迅です。夢のために使わないのであれば、いつか使うときに備えて、その次に大事なお金を増やすことを考えましょう、ということです。

また、節約や倹約をして、暮らしぶりが平均以下になるのが嫌だという人にも、向いています。投資は、暮らしぶりを変えるというプロセスをともなわないからです。

とくにおすすめしたいのが、「金はあるけど夢が見当らない」という人です（最近そういうタイプが増えているようです）。

ポイント

◉金利1％の大きさ

1％というと、小さいように感じる。しかし、住宅ローンなどにかかる金利の世界では、この1％（あるいはそれ以下の％）が大きな差を生む。

例えば、3000万円借り、35年で返済する際、金利1％で生じる利息は557万円。2％なら1174万円、3％なら1849万円。この分が、借りた3000万円にプラスされる。

貧乏な人ほど保険を考える

お金とは因果ですから、コツコツと貯めていけば、そのうちに財となります。

しかし、です。最悪のシナリオとして、みなさんのコツコツを上回る経済危機がおとずれるなどして、家計が行き詰まるというケースも考えられなくはありません。

その場合の対策として、できることはなにか。

ひとつは、しつこいようですが、貯金です。大不況がおとずれ、クビになったり、会社がつぶれたりしても、さしあたっての生活費が貯金でまかなえれば、しばらくは生きながらえることができます。たとえば、保険です。子どもの学費を確保したい場合には、学資保険に入ることができます。あなた（契約者）が死亡したり、重度傷害になった場合に、残された家族が路頭に迷うリスクを軽減したい場合には、終身保険に入ることができます。

老後の資金作りをしたい場合には、養老保険という商品もあります。

これらはいずれも貯蓄性の高い商品であり、しくみは、積み立て貯金と似ています。

「じゃあ、保険じゃなく、積み立てればいいじゃん」

そう思う人もいるかもしれません。

なにがちがうのか。

積み立て貯金は、たとえば、1年目で100万円、2年目で200万円と増えていきますので、1000万円貯まるまでには、10年待たなければなりません。一方、保険（保険金額1000万円）は、契約し、保険会社の責任開始期を過ぎれば、いきなり1000万円の保障がつきます。1年しか保険料を払っていなくても、死亡したり、高度障害になるといった保険事故が起きた場合は、1000万円支払われます。

◉保険は若いときに入るほど得!?

民間の保険料は、どれも若い人ほど安く設定されている。すると、「若いうちに入るほど得」「若いときに入った保険をやめるのはもったいない」と思う人もいるかもしれない。

しかし、厳密にいえば得ではない。若い人ほど安いのは、早く入った分だけ（つまり支払う期間が長い分だけ）毎月の支払い金額が低くなるため。20歳で入った人も、35歳で入った人も、平均寿命まで生きれば、支払い総額はほとんど変わらない。

つまり、早々に保障をつけたいけど、手持ちがないという人ほど、保険が有効だということ。お金がない。でも、守るものはある。だから、保険なのです。

逆を言えば、お金がたくさんある人や、万一の事態に備えられるだけの貯金があるという人は、税金対策という点をのぞいて、保険に入る必要性がほとんどないということ。

保険は、お金持ちの選択だと思っていませんか？

貧乏人には縁も必要もないと思っていませんか？

それは、まったくもって逆です。貧乏だからこそ、保険なのです。

チェック

金を貸してくれるのは誰か

それでも乗り切れない家計の危機にみまわれたら、残る手段は借金しかありません。

では、誰から借りるのか。

金利という点で見て、消費者金融が最後の手段であることは、みなさんもおわかりのはず。その前に検討してみることができるのは、親と友人です。

35歳の親は、一般的にお金を持っています。少なくともみなさんよりお金持ちであると、平均データがそう示しています。

また、親とは、もっとも気軽に金の無心ができる存在であると同時に、いつか他界したときに、遺産が期待できる存在でもあります。親に土地、家、貯金、保険などがある場合は、それらは、いつになるかはわかりませんが、あなたの手にわたり、多少なりともみなさんの家計を助けてくれることでしょう。ありがたいですね。親の誕生日には、「おめでとう。いつまでも元気でね」と、思っていてもいなくても、電話の1本でもかけてやることにしましょう。ちなみに、相続税は、「5000万円＋法定相続人の数×1000万円」まで非課税です。つまり、子ども2人が相続人の場合は7000万円まで無税です。親に相当な遺産がある人をのぞいて、とくに心配しなくてもいいともいえます。

親がいない場合や、お金を持っていない、貸してくれないという場合は、友人です。そういう意味で、35歳とは、頼れる友だちと頼れない友だちを整理するいい機会かもしれません。貸してくれる人とくれない人を整理しておくと、困ったときに素早く行動できるということですが、あくまでも備えとしてのこと。シェイクスピアは、「金の貸し手にも借り手にもなるな。金を貸すと、金も友だちもなくしてしまう」と言っています。

予備知識

夫が知らない妻のふところ事情

「灯台下暗し」とはよくいったもので、もっとも身近な存在である妻が、意外にもお金を持っている可能性もあります。

「まさかうちの妻が持っているはずがない」

そう思うみなさんは、まだまだ現実が見えていないようです。夫婦は財布を共有し、ともに助け合うというタテマエがありますが、現実には、夫にも妻にも、家計簿に表れない「へそくり」という財産が存在しているのです。

では、夫のへそくりはどれくらいなのか。

明治安田生命の調査（2007年）によると、夫（つまり男性のみなさん）のへそくりは平均約40万円、30代で20万円だそうです。けっこう、あります。たいしたもんです。

しかし、です。

妻はどうかと調べてみれば、その額なんと、平均90万円。しかも、この中には「へそくりなし」（つまり0円）が半数以上含まれていますから、この分を抜き、「へそくりあり」だけで再計算すると、平均202万7155円になります。

損保ジャパンDIY生命保険の調査（2008年）では、もっと高い数値が出ています。その額、356万3000円。へそくり実施率は41％です。

どうやってこんな大金を貯めたのか。

月々の家計を工夫したのかもしれません。結婚当初から隠し口座を持っていたのかもしれません。

いまどきは、結婚するまで男女平等にかせぐ時代ですから、あなたが結婚資金として

生まれ変わっても、いまの配偶者と結婚したいか

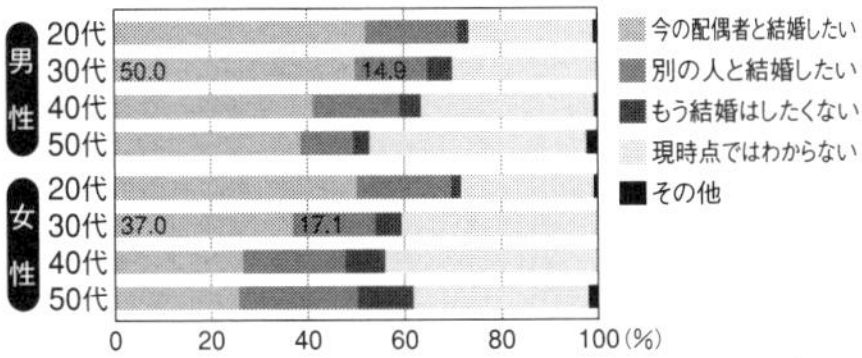

明治安田生命「『いい夫婦の日』に関するアンケート調査」2008

300万円貯めたのであれば、妻がそれ以上貯めていて、結婚時に申告しなかったとしてもまったくおかしな話ではありません。

お金に困っていますか？　困りそうですか？

ならば、妻を頼りましょう。

「これ、使っていいわよ」と2、3束持って立つ妻の姿は、きっと後光が射して見えることでしょう。

もちろん、貸してくれるかどうかはわかりません。「へそくりなんかないわよ」とシラをきられるかもしれません。命運をわけるのは、「貸してくれ」と頼む前までに、夫婦が仲良くやってきたかどうかです。

参考までに紹介しておくと、シニア世代では、妻が夫に対して持つ感情として、「嫌悪・不快感」（15％）が「愛情」（11％）を上回っているそうです（電通リサーチ「オトナの夫婦調査」2008年）。

嫌悪感や不快感がある夫に、虎の子を貸してやろうと思いますか？　思いません。

嫌悪感や不快感が蓄積された理由は複数あるでしょう。ただ、毎年マメに誕生日プレゼントなどを贈っていれば、多少なりとも軽減できるかもしれません。ちなみに、1回あたりのプレゼントの値段は、30代男性で平均1万6713円（女性が1万1330円）だそうです（明治安田生命調べ／2007年）。

1年前とくらべた貯蓄残高の増減

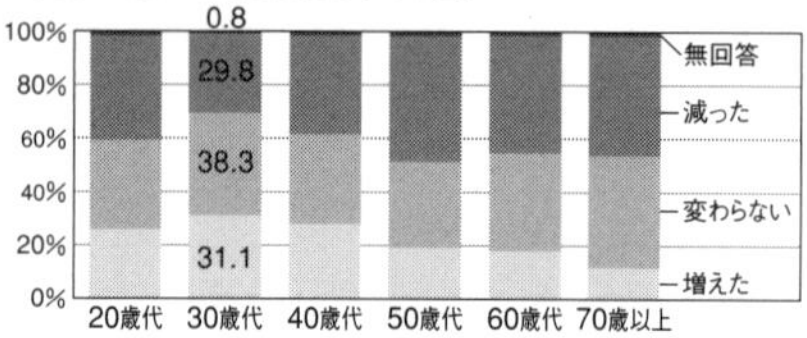

※2人以上世帯。
「家計の金融行動に関する世論調査」2008

未来の自分とやりとりする

なかには、親も友人も、妻ですら貸してくれないという人もいるでしょう。

ならば、「自分」から借りるということができます。「自分」とはつまり、未来の自分。未来の自分が返してくれるという前提で、借金をするということです。住宅ローンも消費者金融の借金も、基本的な担保は自分であり、「いまの自分の代わりに、未来の自分が返す」というコンセプトです。

現時点でわかっていることは、みなさんの支出が、10年、20年後にわたって増えていき、一方、収入は伸び悩むということです。簡単に言えば、家計は厳しくなっていきます。

では、厳しい未来に対し、現状はどうかというと、1年前よりも貯蓄が「増えた」割合がもっとも多いのが30代（31％）であり、「減った」割合がもっとも少ないのも30代（30％）というデータもあります（金融広報中央委員会「家計の金融行動に関する世論調査」2008年）。つまり、みなさんはいま、貯蓄しやすい時期であり、貯蓄するなら、いましかないということです。

ならば、環境が良いいまのうちに、住宅ローンを組み、家を買っておくのもひとつの方法です。頭金というまとまった額は、いまの自分が支払う。残り3000万円くらいのローンは、未来の自分にコツコツと返してもらうという考え方です。

いい家があれば、安心、満足、幸福、やりがい、活力など、そこにいろいろなプラスアルファが生まれる可能性があります。

また、住宅ローンを組む際には、たいてい契約者に生命保険がかけられますから、あなた（契約者）が死んだら、残りのローンの支払いが免除になります。その点で見ても、家族を危機から守るという役目をはたすことになります。

35歳ともなれば、みなさんにもそこそこ（といっては失礼ですが）の社会的信用がついていることでしょう。社会的信用とは、形のない財産です。その無形の価値を、資産という形ある価値に変えていくことも、選択肢のひとつです。

もうひとつポイントなのは、「そろそろ家でも買おうかな」と考えてみることが、家計を見直すきっかけになり、節約生活に切り替える（ムダ使いをやめる）動機になるという点です。つまり、貯蓄アップの出発点になるということ。分不相応に高い家を買い、ローンの支払いで自爆する場合は例外ですが、高い買いもの（家は一生でもっとも高い買いものといわれています）は、それを買おうか検討することにより、お金と正しく向き合うことができるのです。

ちなみに、35歳で35年のローンを組むと完済は70歳です。もちろんそれでもいいのですが、せめて60歳までには完済できるように、「いまのうち」「余裕があるうち」で、計画的かつ積極的に繰り上げ返済をしていくという意識は大前提です。

◉貯金よりも繰上返済

借金は、借りている期間が長引くほど支払う利息が増える。だから、繰上返済が有効な手段となる。

たとえば、3000万円を金利2％で借り、35年で返済する場合の利息分は1174万円。これを25年で返済できれば815万円（差し引き359万円）、20年なら642万円（差し引き532万円）に軽減できる。

余剰資金がある場合、銀行に預けて微細な利息を得るのと、繰上返済に充てるのと、どちらの方が得か、言わずもがなである。

最終チェック

ほんとの山はこのさきにある

さて、みなさんは35歳になりました。配偶者、子ども、家などを手に入れる力を持つようになりました。じっさい、すでにそのいくつかを手に入れた人もいます。

すると、なんだか人生の大きな山を超えつつあるような気になります。

しかし、それは勘違いです。

よーく目をこらして前方を見てください。薄もやの向こうに見えている、巨大で、険しい物体。それが、ほんとの山です。たとえば、標高1000万メートル級の子どもの教育費を準備するという山であり、標高1500万メートル級の老後の生活費を準備するという山です。標高3500万メートル級の家を買うという山や、標高は不明ですが、自分の夢や希望を実現するという山もあります。いずれも、このさき50年の道のりにそびえ立っているのです。

みなさんはこの山々を、どうやって登っていきますか？

お金がなければ、その場で立ち往生するしかありません。素手でよじ登るのは危険ですからね。だから、お金がないと困るのであり、お金が必要なのです。

CHAPTER

6

活力

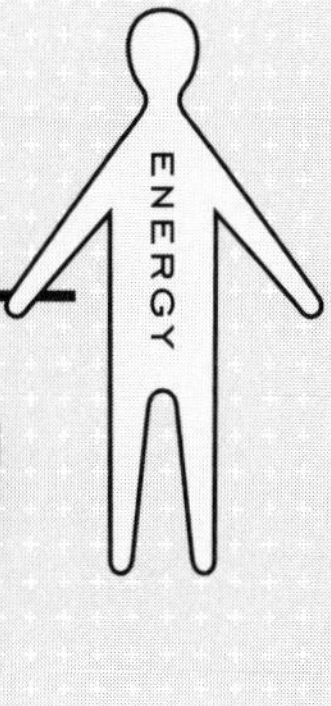

30代の平均生活時間

起床時間	夕食開始時間	就寝時間
7時13分	19時51分	24時4分

※30〜34歳男性、平日の場合。
総務省「社会生活基本調査」2006

萎えている自分に気づいているか

ここに、ある35歳の男性がいます。結婚し、子どもがひとりいて、家（と残り30数年のローン）があります。

表面的に見れば、順調な人生を送っているように見えます。しかし、彼の平日を簡単にまとめると、次のようになります。

起きる。会社に行く。仕事をする。帰ってくる。寝る――。

休日はもっと簡単です。

起きる。テレビを見る。寝る――。

彼は、こういう平日と休日を繰り返しながら、この数年を過ごしてきました。順風満帆に見えますが、その実態は、たった1行で説明できてしまう日常の繰り返しなのです。

平日の朝、彼は起きてなにを思うか。「もう朝か」。それだけです。

休日の昼、彼は起きてなにを思うか。「今日は休みか」。それだけです。

重症なのは、こういう日常について、彼自身がなにひとつ疑問を持っていないということです。「そういうもんだろう」。彼は言います。

では、みなさんは彼の人生を見てどう感じるでしょうか。

生産性が乏しいと思う人もいます。つまらない、さびしいと感じる人もいます。萎えていると表現する人もいるでしょう。

客観的な視点で見るから、そういう感想を持つことができます。しかし、当人にはわからないのです。

なかには、「オレと同じだ……」と思う人もいるかもしれません。

ならば、ここで重要なのは、疑問を持つことではないでしょうか。

あるいは、疑問を持って、なんとか変えようと取り組むことではないでしょうか。

男性の平均余命は、80年近くにまで伸びました。のこり50年近くの人生を、萎えた毎日を繰り返しながら生きていくことほど、もったいないことはありません。

チェック

死んでいる精神を蘇生する

さて、なぜ彼は萎えたのでしょうか。

人間が生きものであるという点から、彼が萎えた原因が、加齢にあると考える人もいるでしょう。

実際、サラリーマンを対象とした調査（ライオン調べ／2007年）によると、「男の曲がり角」を感じる年齢は平均35歳と出ていますし、また、その判断材料である内面（精神面）の変化においても、「向上心がなくなってくる」（43％）、「好奇心が弱くなってくる」（42％）などが挙

“男の曲がり角”をどのようなことで感じるか

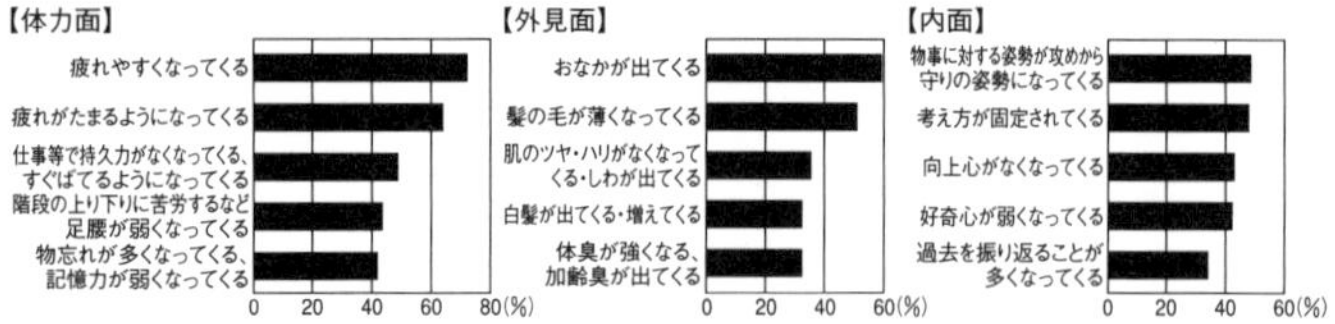

※20〜40代のビジネスマン（平均34.7歳）、OL（平均36.7歳）を対象にしたアンケート。
ライオン「『男の曲がり角』意識調査」2007

がっています。

しかし、です。

35歳は老いのはじまりなのでしょうか。もしもそれを肯定するならば、40歳はすでに老人です。50歳は老いの果て、60歳はゾンビです。そのペースでは、とてもじゃありませんが80歳まで生き抜くことはできません。

たしかに、肉体的には老います。人は生きものである以上、老いに抵抗することはできても、勝つことはできません。それはわかっています。前出の調査においても、外面の変化として、「疲れやすくなっている」「疲れがたまるようになってくる」「仕事等で持久力がなくなってくる」「階段の上り下りに苦労するなど足腰が弱くなってくる」といった「症状」が挙げられています。

ならば、萎えていく人と萎えない人の差は、おそらくここで生まれます。

つまり、「疲れた」と感じても、「疲れていない」と言える気力があるかどうか。

足腰が弱くなったと感じても、気のせいだと自分をだませるかどうか。

「そんなもの、精神論じゃないか」と、いう人もいるでしょう。

過去をふりかえってみれば、中学校時代の辛い部活動も、ワンルームのせまい部屋での貧乏暮らしも、早出・残業の繰り返しでしかない仕事も、すべては精神論の世界でした。

精神論、精神論、精神論……。もはや、おなかいっぱいです。食傷気味です。

そんなみなさんに、ここではなんと、精神論の話です。

しつこいですね。暑苦しいですね。

しかし、生きていくための活力は精神からしか生まれないのだから、しょうがないのです。


なにをするにしても、精神が死んでいたら話になりません。萎えた日常に疑問を感じないというのであれば、それは精神が眠っているか、死んでいるからにほかならないのです。

たとえば、GReeeeNが誰だろうとKREVAが誰だろうと、気にもならないというあなた。「すれちがい通信」がなんだろうとオレには関係ないと言い切ってしまっているあなた。ケータイの機能の10％しか使っていないあなた。

好奇心は起きていますか？　向上心は死んでいませんか？

◉**30代の3重苦**
30代になって感じる負担は仕事や家庭などにおける「責任の重圧」「忙しさ」そして「身体の衰え」の3重苦ではないだろうか。以上3項目について負担を「感じる」と答えた人の割合は「責任の重圧」が79％、「忙しさ」が71％、「身体の衰え」がもっとも多く87％。（大正製薬調べ／2009年）

考えること

賢人はだまされたフリをする

では、精神論は、どこまで通用するのでしょうか。

たとえば、人間には、「老いる」というどうにもしようがない現実がある一方、だまされると信じてしまうという、非常に都合のいい性質もあります。

プラシーボ効果というものがそのいい例かもしれません。世の中には、「効く薬」と信

◉自己暗示の落とし穴

目標を紙に書いて、毎日見るようにする。じつはこれも自己暗示。しかし、この方法には落とし穴がある。たとえば「売上2割アップ！」と書いたとしよう。しかし、あなたが心の底で（無意識に）無理だと感じていると、毎日毎日、「それは無理」「できない」と自分に言い聞かせることになってしまう。

これを打ち消すには、あまり力まず「〜できたらいいなあ」と願望の形で思うこと。「〜しなければならない」という思いはよほどの人でない限りマイナスに作用する。

じて偽薬（ただの水とかビタミン剤など）を飲み、実際に治ってしまう人がいるのです。その逆で、医学的には無害なものを「有害だ」と信じて服用し、病気になったり、苦しんだり、場合によっては死亡する人もいます。これをノーシーボ効果と呼びます。

日常生活においても、「うまくいく」「なんとかなる」と信じて取り組んだ結果と、ほんとにうまくいき、なんとかなってしまったという経験は、みなさんにも少なからずあるはずです。これを、楽観バイアスといいます。ビジネス書の古典ともいえるナポレオン・ヒルの名著は、『思考は現実化する』という成功哲学です。ようするに、気持ちが大事なのです。

こうしたことからわかるのは、35歳という年齢を、「疲れやすくなる年齢」と思うか、「まだまだ疲れる年齢ではない」と思うかによって、少なからず影響がことなるということ。思い込みの力はあなどれません。誰も自分をだましてくれないなら、自分で自分をだませば、それがきっかけで活力が生まれることもあるのです。

催眠も、自分だましの代表的なものといえるでしょう。

催眠とはなにかといえば、「暗示によって集中力が高まり、自分が本来持っている精神的・肉体的能力を最良のレベルまで発揮できるようになること」というのが簡単な定義。戦争では、負傷兵にほどこす治療法のひとつとして用いられることもありますし、わかりやすい例でいえば、ケガした子どもにいう「痛いの痛いの飛んでけ」です。親が子どもに指示する際には、「○×しなさい」というよりも「○×してみようか？」ということにより、子どもが自分の意志で行動している気になり、自制心や対処能力が高まるともいわれています。

「そんなもの、子どもだましじゃない」と、いう人もいるでしょう。

たしかに、子どもはすぐにだまされます。なぜなら、だまされないための賢さに欠けるためです。

ならば、大人とはなんなのでしょう。

もしかしたら、だまされたフリができる人を指すのではないでしょうか。

だまされないのが賢さなら、自分をだますのも、だまされたフリをするのも賢さです。

人が、脳という司令室によって考え、行動している生きものであることを踏まえれば、「疲れやすくなった」「足腰が弱くなった」と感じるのは、加齢のせいではなく、「年は関係ない」「オレはまったく老いていない」と自分をだます賢さが足りない場合も多いのです。

ビジョン

活力を失っている場合ではない

活力の低下は、おそらく結婚することによって、さらに進行するでしょう。結婚してなお、女性一般に対して一定の欲求を持ち続けていくむずかしさは、既婚者なら実感してい

30代の生活満足度

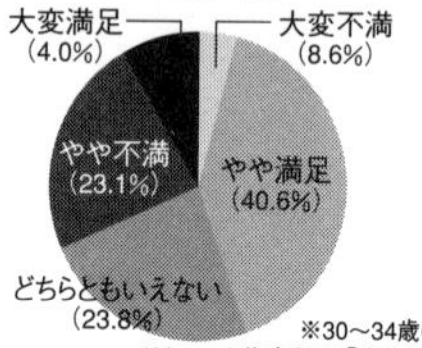

※30〜34歳のデータ。
リクルート住宅総研「家族観、住まい観に関する世代別価値調査」2006

るとおり。オレにはカミさんがいる。ほかの女性にモテる必要もなくなってきた。そう思ったときから、男はジャージとサンダルで街に出ても平気になっていきます。

子どもができれば、ますます活力はなくなります。そのメカニズムは、花がしおれるのと同じです。花は、その多くが、受粉すると同時に、しおれたり、しなびたりしていきます。花が落ちて生まれるから、落花生といえばわかりやすいでしょうか。生物学的にいえば、その原因はエチレンという植物ホルモンが増えることあるわけですが、花が、受粉を媒介してくれる昆虫などを呼ぶ役目を担うことを踏まえれば、受粉し、種の継承の段取りがついたところで、花がしおれ、しなびていくという摂理は非常にわかりやすい話です。ちなみに、しおれるは萎れる、しなびるは萎びると書きます。

では、結婚や子どもは、人生のゴールに値するのでしょうか。

「国民生活選考好度調査」（内閣府／2008年度）によると、いまの生活に満足している人の割合は、56％（「満足している」「まあ満足している」の合計）です。データでは、未婚者よりも既婚者、子どもがひとりの人よりもふたりの人、賃貸生活の人よりも持ち家の人のほうが「満足している」と回答している率は高いのですが、それでも、満足した人生を送れる確率はふたりにひとりに過ぎません。

満足とはつまり、自分の感覚であり、自分の判断ですから、結婚や子どもといった社会生活的な要素がいくらか寄与したとしても、根本は「自覚」です。

ならば、なおさらのこと、自分をだまさなければなりません。

理屈で考えても、独身でいるよりも、家庭を持ち、大黒柱として存在していくことの方が活力がいります。子どもをつくるためだけなら、一晩分の活力があればこと足りますが、子どもを育てていくための活力は、子どもが成人し、巣立っていくまで維持しなければなりません。

離婚が増えている社会情勢に逆らい、わが結婚を円満に守るためには、また、無礼千万の子どもが街中にあふれている現状に抗い、わが子をまっとうに育てるためには、「ああ、疲れた」なんてもらしているヒマは一秒たりともないのです。

なかには、まだ夫にも父にもなっていないにもかかわらず、萎えている人もいます。草食男子よろしく自由をもてあまし、しなびた花びらをぶらさげている人もいます。

もはや言語道断です。花が花らしく咲かずして、昆虫が寄ってくるはずがありません。

「解放された女性が、萎えたペニスと対面することほど痛々しいことがあるだろうか」

そういったのは、アメリカ人小説家のエリカ・ジョングでした。哀しいかな、男たちはいま、萎えたペニスとして生産性乏しい日常を消化しているだけでなく、周囲の女性を落胆させる存在になり下がっているのかもしれません。

みなさんはいかがでしょうか。

しっかりと元気に、上を向いていているでしょうか？

ペニスの話ではありません。
意識、目線が上を向いているかどうか、という話です。

チェック

萎える、萎えないは環境次第

意識を上に向けるためには、上の方になにかがなければなりません。たとえば、参考になる「なにか」。心の支えになる「なにか」。心が折れやすくなったときに、それでも、順調に上を向いて成長していけるよう、支柱の役割をはたす「なにか」です。

ここで重要なのは、「なにか」が「誰か」、つまり、人でなければならないということ。人は、人によってのみ成長することができ、人によってのみ支えられるからです。

たとえば、メンター。メンターとは、優れた指導者という意味であり、「困ったときはアノ人に聞いてみよう」という場合のアノ人です。

社内をぐるりと見渡せば、「アノ人」が見つかるでしょう。仕事ができたり、発想力に優れていたり、なにかと頼りになる先輩です。

いませんか？

見当たるのは、なんの支えにもならない、名ばかりの先輩ばかりですか？

ならば、しょうがありません。

上司の強みと弱みは何か

上司の強み		上司の弱み	
1位	交渉力・説得力（41.3%）	1位	指導力・育成力（39.4%）
2位	協調性・関係調整力（39.5）	2位	統率力・リーダーシップ（33.7%）
3位	責任感・コミットメント（38.7%）	3位	人間的な器の大きさ（32.1%）
4位	統率力・リーダーシップ（38.6%）	4位	コミュニケーション力（25.5%）
5位	協調性・関係調整能力（38.5%）	5位	包容力・やさしさ・思いやり（24.2%）

※職場の上司に対して、どんな強みがあるか、どんな弱みがあるかを項目群の中から選択。
NTTデータ経営研究所「ビジネスパーソンの就業意識調査 vol.3」2008

友人はどうでしょう。恋人はどうですか。親とか、伯父さんとか、どこかにひとりくらい、支えになってくれそうな人がいるでしょう。結婚しているみなさんなら、ほら、妻（や夫）がいるじゃないですか。

意識が上を向いている人は、そういう支えをたくさん持っています。ようするに、「誰か」は、誰であるかは重要ではなく、何人いるかが重要だということ。異性であっても、年下であっても、「質」は関係なく、「量」を確保することにより、みなさんの心というしなびかけた茎は、まっすぐ上を向いて成長していくことができるようになるのです。

その点で見れば、習いごとにも効果があります。習いごとの場には、師匠、師範、先生となる人がいて、ともになにかを習う学友がいます。彼らの存在が、支えになることもあります。

習いごと教室の先生に人生相談をしろと言っているのではありません。習いごと教室で友だちをつくろうという話でもありません。意欲的に生きている人が近くにいると、「あの人、頑張ってるな」「オレも萎えている場合じゃないな」という刺激になるということ。それが支えのひとつになるということです。

逆をいえば、まわりがみな堕落者で、なにひとつ支えにならない人に囲まれている場合、その環境こそが、あなたを萎えさせる原因だということです。

「あなたの大きな夢を萎えさせるような人間には近づくな」

マーク・トウェインはそう言いました。

人は、どれだけ強い人であっても、自分で立ち続けていくのが困難なときがあります。どんなに強い茎だって、日照りが続けばやがてしおれます。強風にあおられれば、折れそうになります。だから、「支え」が必要であり、見つけなければならないのです。

トウェインのいう「萎えさせるような人間」とは、簡単にいえば、無意識かもしれませんが、あなたによりかかり、あなたを弱らせる存在です。そういう人の面倒をみてやる優しさも大切ですが、みなさんが「支え」を確保し、多少のよりかかりに耐えられる強さを持つことの方がさきなのです。

考えること

人は競うことで成長する

支えになる存在のひとつとして、ライバルというものもあります。「アイツには負けたくない」という場合のアイツです。これも、みなさんの成長の糧となる存在といえるでしょう。

会社を例にするとわかりやすいかもしれません。

会社は、ライバル企業が持つ経営戦略などを参考にします。売上げや利益といった具体的な数値を参考にして、ベンチマークを打ちます。

なぜ他社の優れた点を参考にするのかといえば、自社のやり方とのちがいを分析し、把握することで、優れた戦略が見つけやすくなり、改善点が見えやすくなるからです。もともとこのベンチマークという手法は、アメリカのゼロックス社が日本のライバル企業を対象にしてとりくみ始め、マルコム・ボルドリッジ全米品質賞という、大統領が授ける賞をとったところから世界的に広まりました。いまや、マーケティングの手法として欠かせないもののひとつです。

まったく同じことが、人についてもいえるのではないでしょうか。

心優しいみなさんは、もしかしたら競争が嫌いかもしれません。争いとか嫉妬とか勝ち負けとか、そういうものとは無縁の、温和な環境でぬくぬく生きていきたいと思っているかもしれません。

だれだって、本音はそうです。

しかし、あらゆる成長が競争から生まれているということも事実として認めておく必要もあるでしょう。心優しいという気質が、それ自体はいいことだとしても、行きすぎると、成長をあきらめ、自分に甘くなるという気質につながることも、踏まえておく必要があります。

では、ふたたび、ぐるりと周囲を見渡してみましょう。

よく目をこらして、ライバルとなりえそうな人を探してみましょう。

「アイツには負けたくない」「アイツを抜かしてやろう」

そんな気分になったら、意識の再構築は完了です。その瞬間、みなさんの意識は、上の方を向いているからです。

愚人は自覚しているけれど放置する

精神が強くなり、意識が上を向いたとしても、世の中には、それだけでは乗りこえられないこともあります。

たとえば、しつこいようですが、体力や筋力の衰えです。これを一般に、老いといいます。

では、精神力や意識改革でどうにもならない老いに対し、なにができるのか。

まずは、事実を知り、自覚することです。

2008年に人間ドックを受けた人のうち、健康な人の割合は、39歳以下で19%しかいません。つまり、オレの身体は、年齢的に異変が起きても不思議ではないということを、自覚する必要があるということ。「オレは酔っていない」と言う人が、たいていひどく酔っぱらっているように、老いていないという人ほど、老いているものなのです。聞いていますか?

チョイス

◉人は「食べ過ぎ」に弱い
現代人の病気の原因の多くは、食べ過ぎによるものだといわれている。理由は、人の身体が、空腹には強いけれども、満腹、つまり飽食や栄養過剰状態には弱いため。満腹になると、血液中の栄養が多くなり、免疫力を持つ白血球も満腹になる。すると、攻撃しなければならないかぜ菌などを攻撃しなくなり、免疫力が落ちる。

健康状態に関する意識別運動・スポーツの実施頻度

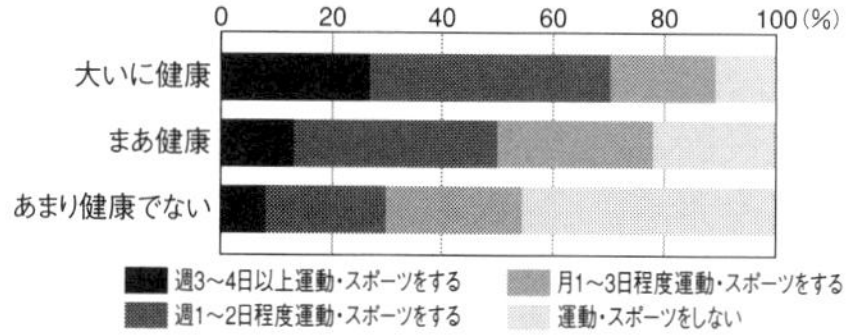

※20～79歳の男性。
文部科学省「体力・運動能力調査」2007

本稿はいま、「メタボ？　オレはダイジョブ」「人間ドック？　40過ぎてからで十分だろ」と考えているあなたに向けて話しています。

体力の衰えは、傾向として、都市部に住んでいる人ほど進行しやすくなります。文部科学省の「体力・運動能力調査」においても、体力年齢が若々しい人の割合は、大都市または中都市に住んでいる人で32％、小都市に住む人で37％という差が示されています。簡単に言えば、都市化した地域で生活している人ほど、エスカレーターに乗る機会が多かったり、歩く時間が短かったりして、身体的に萎える傾向が強いということです。

みなさんが都市部で生活しているとすれば、それはそれで、生活していくための手段として、やむをえない選択なのでしょう。しょうがないといえば、しょうがないことです。しかしながら、しょうがないからといって放っておくと、身体はどんどん衰えていきます。都市部で働いているみなさんは、なによりも、自分を取り巻く環境が、自分を人並み以上に衰えさせやすいということを自覚しなければなりません。

自覚を持ったら、つぎは危機感を持たなければなりません。

朝日新聞の調査によると、自身の健康に不安を感じている人は66％だそうです。彼らには、自覚があります。しかし、それでもなお、日ごろから運動をしている人は34％にとどまっています。

なにが足りないのかといえば、危機感が足りないのです。だから、自覚はしていても、

「放置」してしまうのです。

たとえば、目の前にボールが飛んできたとします。「あ、ボールが飛んできている」と自覚します。しかし、「放置」するから、顔にあたり、鼻血を出します。自分がメタボ予備軍だと自覚しながら、実際のところなにもしないというのは、そういうことです。

聞いていますか?

本稿はいま、「衰えた」「太った」「これはまずい」と自覚しているにもかかわらず、とくになんの対策もせず、寝転がってテレビを見ているあなたに向けて話しています。

では、なにをすればいいのか。

当然ながら、ボールが飛んできたなら、顔を右なり左なりによけなければなりません。

つまり、自覚するだけでは、なにも変わらないということ。自覚して、危機感を持ち、回避行動をとるというところまでつながって、ようやく事態が改善に向かうということです。

戦略

いまこそ戦いのときである

自覚、危機感ときたなら、あとは行動です。

じつはここがものすごく重要なのです。

行動とは、「目的に向かってまっしぐらに突進すること」と、三島由紀夫氏は定義しています。また、「われわれの行動は目的なしにはあり得ず、われわれの肉体的行動は男である以上戦いなしにはあり得ない」とも書いています。

そうなのです。

みなさんはいま、目的を持って、戦わなければならないのであり、「体力が落ちたなあ」「カナブンみたいな体型になったなあ」と、ソファに寝転がり、自分をなぐさめているかもしれませんが、そんなことをしているヒマはないのです。

目的はなにか。体力や筋力の衰えをできる限り遅らせることです。

なにと戦うのか。体力や筋力の衰えという、精神力と意識ではどうにもならない萎えと戦うのです。

具体的な方法としては、たとえば、スポーツクラブで運動するという選択があります。文科省の調査によると、体力年齢が若々しい人の割合は、スポーツクラブに所属している人で48%、所属していない人で31%という明確な差が出ています。

ここから読みとれるのは、身体的な萎えが、時間やお金をかけることにより、ある程度抵抗できるということ。行動すればしたなりに、しっかりと効果が出るということです。

筋肉は、放っておくと、30歳以降、1年間に体積の1%ずつ減少していくといわれています。80歳になれば、50年×1%ですから、30歳当時の約半分になります。また、30歳以降に失う筋肉の約70%が、運動不足によるものだともいわれています。

35歳からの体力測定

腕立て伏せ回数の目安

	30代	40代	50代
文句なし	52回	40回	39回
優秀	33回	26回	30回
良い	26回	20回	16回
いまいち	20回	15回	11回
まずい	15回	10回	8回
かなりまずい	9回	5回	3回

腹筋回数の目安(1分間)

	30代	40代	50代
文句なし	51回	47回	43回
優秀	37回	33回	30回
良い	33回	29回	24回
いまいち	30回	25回	20回
まずい	27回	22回	17回
かなりまずい	23回	17回	12回

成人男子の新体力テスト結果の平均

	25~29歳	30~34歳	35~39歳	40~44歳	45~49歳	50~59歳
握力	48kg	49kg	49kg	48kg	48kg	47kg
上体起こし	26回	25回	24回	23回	22回	21回
長座体前屈	44cm	43cm	42cm	41cm	40cm	40cm
立ち幅とび	222cm	218cm	213cm	208cm	204cm	196cm
反復横とび	51点	50点	48点	47点	46点	44点
急歩	691秒	712秒	716秒	721秒	728秒	740秒
20mシャトルラン	62	55	51	46	42	37

文部科学省「平成19年度体力・運動能力調査」2007

握力(kg)
握力計で正しく計測。左右の平均を記録。

上体起こし(回)
あおむけで両腕を胸の前で組み、ひざを曲げ、補助者に両ひざをおさえてもらう。両ひじとももがつくまで上体を起こし、30秒間で何回できたか計測。

長座体前屈(cm)
幅22cm、高さ24cm、奥行き31cmの箱2個を約40cm離して置く。上にダンボール紙をのせ、テープ等で固定。壁に背・尻をぴったりとつけ、両足を箱の間に入れて座る。両てのひらを下にして腕を伸ばし、てのひらの中央付近を厚紙の手前端にかかるように置く(初期姿勢)。ひざを曲げずに前屈し、箱全体をできるだけ遠くまで滑らせ、初期姿勢からの箱の移動距離を計測。

立ち幅とび(cm)
両手を軽く開き、踏みきり線につま先をそろえて立つ。両手で同時に踏みきって前方へとぶ。踏みきり線から着地位置の最後方のかかと部分までの距離を計測。

反復横とび(点)
それぞれ100cm空けて3本のラインを引く。中央のラインをまたいで立ち、サイドステップで移動して右のラインをまたぎ、中央ラインに戻る。右→中央→左→中央→右……を繰り返す。それぞれのラインを通過するごとに1回とし、20秒間で計測。

急歩(秒)
いずれかの足が常に地面に着いているようにしながら、急いで歩く。1500m歩くのにかかった時間を計測。

20mシャトルラン(数)
20m空けて2本の平行線を引く。一方の線上に立ち、テスト用CD(テープ)の開始の合図でスタート。一定の間隔で電子音が鳴るので、次に電子音が鳴るまでに20m先の線を足で触れるか越えたらその場で向きを変える。この動作を繰り返す。電子音の前に線に達した場合は向きを変え、電子音が鳴ったあとに走りはじめる。設定された速度を維持できなくなったとき、または2回続けてどちらかの足で線を触れることができなくなったら終了。最後に触れることができた折り返しの総回数を記録。

逆をいえば、正しく運動するなどして戦っていけば、加齢によって多少の筋力が減少するのはしょうがないとしても、70％相当は保守できるということです。

そういう背景が、昨今の健康ブームにつながっているのかもしれません。世間を見渡せば、ある人はグルグルと1周5キロの皇居のまわりを走り、ある人はフンフンと富士山にのぼります。

ナルシストかマゾヒストか、あるいはヒマなヒトでない限り、運動とは試練ですから、やらなくていいのであれば、やりたくありません。しかし、みなさんは、やらなければなりません。なぜなら運動は、自身の健康を守るための戦いだからです。

守りたいものを、守る。そのために、戦う。

みなさんいま求められているのは、守るために戦うという行動なのです。

みなおし

貧食な人はクビになる

一方には、ダイエットのためか、あるいは忙しいためか、食事らしい食事をしていない人もいます。たとえば、カップ麺でとりあえず胃を満たす日が続いているというあなたであり、最近、おいしいものを食べた記憶がないというあなたです。

これを、人生戦略会議的には、「貧食」と呼んでおります。つねに満腹をもとめてむさ

活力

ぼり食べるのと同じくらい、貧しい食生活だからです。

当然、食べなさすぎは、活力の低下につながります。みなさんはいま、自分の身体や、その他もろもろ、守るべきものを守るために戦わなければなりませんが、腹が減っては戦ができません。

ところでみなさん、朝ごはんは食べていますか？

朝ごはんを欠食する人の割合は、30代男性で30％（厚生労働省「国民健康・栄養調査」2007年）。10年前に比べて約10ポイントも増加しています。欠食とは、お菓子などしか食べない、サプリメントや栄養剤しか口にしない、なにも食べないという状態を指します。じつはこの30代男性で30％という割合は、10歳ごとの区分でもっとも高い数値です。

エネルギーという点で見ると、30代男性は1日2650キロカロリー前後のカロリーを消費します。この中には、当然ながら、朝起きてから、昼ごはんを食べるまでのエネルギーも含まれます。

では、起きてから昼ごはん（つまり、欠食する人にとっての最初のごはん）までの間に、人はどれだけエネルギーを必要とするのか。

たとえば、駅までの徒歩10分歩くためには、23キロカロリー、満員電車に立って1時間乗るためには126キロカロリー、デスクワーク2時間で353キロカロリー。ここまでで、約500キロカロリーほど消費します。500キロカロリー分のエネルギーがなけれ

◉摂取カロリーの目安

1日に摂取するカロリーは、目安として、30～49歳（身長170センチ、体重68キロ）で以下のとおり（単位：キロカロリー）。

・活動レベル1
2250（1700）
・活動レベル2
2650（2000）
・活動レベル3
3050（2300）
（ ）内は女性（身長156・8センチ、体重52・7キロ）

活動レベル（身体活動レベル）とは、レベル1が、生活の大部分が座っている姿勢の人、レベル2は、座り仕事が中心だが、たまに移動や立ち仕事（接客など）や、通勤、買い物、軽いスポーツなどを含む人、レベル3は、移動や立ち仕事の多い人や、活発にスポーツする習慣がある人。かんたんにいえば、事務職ならレベル1～2、外回りの営業職ならレベル3。

ば、これらの活動ができないということでもあります。

「昨晩の夕飯で摂取したカロリーで補える」と言う人もいるかもしれません。しかし、人は寝ているだけで、500キロカロリー以上消費します。どれだけたくさん夕ごはんを食べたか知りませんが、寄せ鍋だったとしても、820キロカロリーです。翌日の昼まで持つはずがありません。朝ごはんを食べない人が、昼までの間、どれだけ質の低い仕事をしているのか、だいたい想像がつきます。

「アイツは午前中つかいものにならない」

職場の面々にそう評価されても、しょうがありませんね。そのさきにあるのは、当然ながら、リストラの4文字です。

では、どうすれば朝ごはんを食べる生活に切り替えられるのか。

傾向として、朝ごはんを欠食する人は、夕ごはんを食べる時間が遅いそうです。午後9時以降に夕ごはんを食べている人の割合は、朝ごはんを食べる男性で16%、欠食する人で31%です。

ならば、たとえば、夕ごはんの時間を早くすることが第1歩になるかもしれません。夕ごはんを早く食べれば、その分、翌朝にはしっかり腹が減っています。

もしくは、夕食の量を減らすこともできます。日本ではむかしから、「朝食は金、昼食は銀、夕食は銅」といいます。同じような格言は全世界にあり、欧米では「朝食は王のご

●**消費エネルギー**
体脂肪を1キログラム減らすために必要な消費量は、約7000キロカロリー。1日140キロカロリー（から揚げ2個分）ずつセーブしていけば、50日で体脂肪が1キロ減る計算になる。体重68キロで体脂肪が20%の人なら、18・5%になる。

とく、昼食は王子のごとく、夕食はこじきのごとく」といいます。

つまり、朝ごはんをたくさん食べ、夕ごはんは少なめにするということ。

そんなこと、すでにみなさんは百も承知かもしれませんね。問題は、やはり「自覚」や「危機感」を「行動」に反映させられるかどうかです。朝ごはんの重要性を知っていても、結果として食べないのなら、みなさんの午前中は、いつまでたっても「できないヤツ」の仕事ぶりのままなのです。

最終チェック

やってみればなにかが変わる

頭をつかう仕事に就いている人なら、なおさら朝ごはんを食べなければなりません。というのも、食事をすると血糖値が上がるわけですが、脳を働かせるためには、この血糖（ブドウ糖）が必要であり、脳のエネルギー源となるのは、ブドウ糖だけだからです。

脳は、人の体重の2％ほどしかありません。しかし、身体が消費するエネルギーの約20％を消費しています。また、その必要量である1日120グラムという量は、血液中のブドウ糖の50％に相当します。

「昨晩の夕飯でいっぱい食べたから」という理屈も、脳のはたらきには通じません。脳はブドウ糖を貯めておくことができないからです。いくら前夜の夕食をたくさん食べたとしても、朝になれば、脳はエネルギー不足になっており、朝ごはんでエネルギーを補わなければ、活動が鈍くなるのです。

脳の活動については、解明されていないことが多々あります。じっさい、「朝ごはんを食べなければ脳が起きない」と感じる人がいれば、「朝ごはんを食べると、逆にボーッとする」と感じている人もいます。どちらが正しいのかはわかりませんし、個人差の問題で、どちらも正しいのかもしれません。

ただ、脳の研究者の間では、朝ごはんを食べることが、脳の活動に有効であるという考えかたが一般的です。学生を対象とした調査でも、朝ごはん抜きの学生ほど成績が悪かったという報告がありますし、朝ごはんを食べた人と食べなかった人とで、絵や単語の記憶力の差が出たという報告もあります。

ここで重要なのは、半信半疑であっても、「とりあえずやってみる」という姿勢ではないでしょうか。やってみるとはつまり、食べてみるということです。

朝ごはんをしっかりと食べれば、昼ごはんや夜ごはんの量が減り、太りつつある身体が改善されるかもしれません。早く夕ごはんを食べ、朝ごはんを食べる日常に変わっていけば、早寝早起きの習慣がつくかもしれません。なにが転じて、いい効果を生むか、やってみなければわからないのです。

そもそも人生には、やらなくてもわかることがある一方で、やってみなければわからな

◉腹八分目
江戸時代の医学書である『養生訓』には、「珍美の食に対するとも八九分にして止むべし」とある。よく知る「腹八分目」の語源となったといわれる一節だ。お腹いっぱい食べないというリスクマネジメントは、昔から伝わる人間の知恵である。

いこともたくさんあります。年齢という点からみても、35歳はまだ、ライフスタイルを完全に固める時期ではありません。20歳のころほどではありませんが、いろいろと試し、アレンジし、自分なりの最適を追求することができます。もちろん、試してみた結果、とくにいい変化が見られなければ、やめればいいだけの話です。

やるか、やらないか。

やってみるか、やってみる前からあきらめるか。

「人間は、行動した後悔より、行動しなかった後悔のほうが深くのこる」と言ったのは、トーマス・ギロビッチでした。

後悔したくないですね。ぶよぶよの腹と、働かない脳とともに、のこり50年を生きていくのは、後悔よりも、悲惨の2文字の方が似合いますね。朝ごはんを食べることが、そんな人生を変えるきっかけになり、ひいては活力ある人生に立て直す効果が期待できるのなら、もはや行動しない理由はなにもないのではないでしょうか。

CHAPTER

7 選択

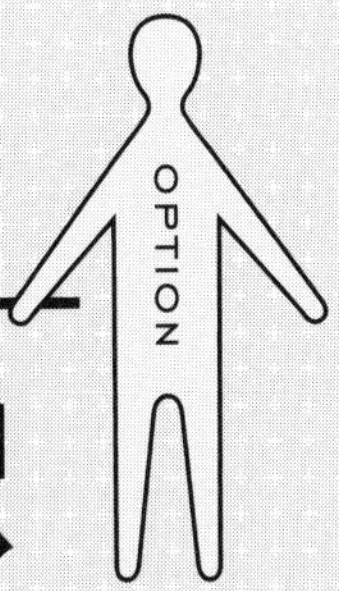

物語

20年後の世界をつくる

ここからしばらくは、A氏の夢物語におつきあいください。

ときは流れていまから20数年後、2030年代のことになります——。

A氏（55歳）は、かねてからの念願だった「○×村ユートピア計画」に着手することを決断しました。当初の予定では、会社を定年退職する65歳から始めるつもりだったのですが、すべての段取りが思っていたよりも順調に運んだため、スタートを10年、早めたのです。早期退職希望者の募集に応募したところ、退職金が2割ほど積み増しされました。

A氏が計画の舞台に選んだのは、九州南部のとある小さな村。近年、急速に若者の流出が進んでおり、残された住民は高齢者ばかりで、ほとんどが半農半漁で生計を立てています。A氏にとっては縁もゆかりもない土地だったのですが、気候が温暖なことと、計画の中心となる小学校の廃校があることから、この土地が候補地に。A氏の提案に対して村はとても好意的で、最終的には廃校を無償で提供してくれることになったのが、決め手になりました。村にとっても、住民が増えれば活性化につながるし、交付金が増えるという思惑もあったようです。

参加メンバーは50名。計画の中心を担う「委員」の10名はA氏が選びましたが、それ以外は、インターネットでの募集に応募してきた人や、知人の紹介などで集まった200名

早期退職は有利なのか

	平均退職給付額	退職時の所定賃金	月収換算
定年	2,026万円	51.0万円	39.8カ月分
会社都合	1,812万円	52.6万円	34.5カ月分
自己都合	1,351万円	45.4万円	29.7カ月分
早期優遇	2,313万円	49.8万円	46.5カ月分

※常用労働者が30人以上の民営企業、大学卒（管理・事務・技術職）で勤続20年かつ45歳以上の場合。
厚生労働省「平成20年就労条件総合調査」

以上の参加希望者から、最後はくじ引きで決定したのでした。年齢はA氏とほぼ同じ。単身者もいれば夫婦もいます。

最初にA氏がやったのは、廃校の教室を改造して50人分の個室をつくること。「委員」の中に工務店の社長がいたため、費用は市価の3割ほどですみました。そのうえ、社長の提案で、一度に20人も入浴できる大浴場（男女別）もつくられました。

次にA氏は、校庭を耕して畑にし、裏山を整地して20枚ほどの棚田をつくりました。これも、「委員」に土建業の社長がいたために、あっという間に完成。しかも重機も人手もただ同然で提供してくれたのです。

「委員」には彼らのほかに、農業の専門家が2名、畜産業の専門家が1名、それから税理士と司法書士と管理栄養士と医師と僧侶が1名ずつ含まれています。

参加費用は一律200万円。50人分で1億円です。当初の改築費用や、農業機器や種苗などの購入費用などにあて、残った分は基金として積み立てておくことにしました。

これ以外には、電気や水道などの共益費として、ひとりあたり月額1万円、1日3食の給食費として月額2万円。収入が年金だけという人でもラクに支払える金額に設定したのです。

こうしてA氏の「計画」は無事にスタートを切りました。

そして10年——。

校庭を開墾した畑は立派な耕作地となり、四季折々に旬の野菜を実らせています。裏山の棚田も秋になると黄金色の稲穂がいっせいにこうべを垂れます。収穫できる米は50人全員の1年分の消費量を補ってあまりあるほどです。体育館は畜舎に改造され、鶏、豚、乳牛が飼育されています。産み立ての新鮮な鶏卵や絞りたての牛乳が、毎朝の食卓にのぼります（さすがに豚の解体は村の食肉センターに依頼している）。

当初の計画では、農業や畜産業でまかなえる食材は3割に満たないだろうと読んでいたのですが、開村5年目には8割が自給できるようになっていました。さすがにプロがいると違うものです。現在では醤油や味噌も手づくりをしています。村から調達しているのはお酒と新鮮な魚介類ぐらいのものです。

特別に生活上のルールなどは設けていませんが、農作業や家畜の世話、共用部分の清掃などは、10人ずつで4つの班をつくり、輪番制で交代に行ないます。労働時間は1日に4〜5時間で、週に2日は完全休養日となるようにシフトが組まれています。平均年齢が60歳近いとはいえ、まだまだ健康。けっこうきつい肉体労働にも、みんな喜々として取り組んでいます。働いたあとのビールがまた格別なのだとか。

メンバーのアイデアで、ユートピアは年々充実していきました。実家でほこりをかぶっていた書物を持ち寄って空き教室に並べると、ちょっとした図書室のようになりました。なにしろ、本格的なマシンを設置したトレーニングルームやカラオケ室もつくられました。

◉リタイアメントビザで海外暮らし

「将来リタイアしたら海外で暮らしたい……」という人のために、「リタイアメントビザ制度」がある。年金受給者を対象にした優遇移住制度だが、35歳以上など年齢を問わない国も。滞在期間などの条件は国によってさまざま。基本的に就労は認められていないが、許可を得られれば働ける場合もある。アジアなどの物価の安い国であれば、老後の生活費の節約にもなるかもしれない。

部屋はたくさんあまっているのですから。

休日には、数人のメンバーと連れだって、港の防波堤に釣りに出かけます。狙うのはアジやイワシ。決して大物ではありませんが、3〜4人で1時間ほども釣れば200匹以上の釣果があがることもしょっちゅう。唐揚げやフライは大評判です。

A氏が得意のパソコンを使って始めた「今日の○×村」は、最初は備忘録のようなつもりだったのですが、いつのまにか人気サイトに。サイトを見て計画に参加したくなったという人からのメールが、毎日のようにA氏のもとに届きます。

A氏が思っていた以上の充実した毎日が続いています。

現状把握

敬老の日の新聞記事

思い起こせば、A氏がこの「○×村ユートピア計画」を思いついたのが30年前、ちょうど35歳のときでした。

忘れもしません。2009年9月21日の新聞に、「敬老の日」にちなんで総務省が発表した記事を目にしたのです。65歳の高齢者の割合が、男性は5人に1人、女性は4人に1人に増加したという内容の記事でした。

なかでもA氏がとくに注目したのが、記事の後半の記述です。世帯主が65歳以上の無職

高齢者世帯の赤字

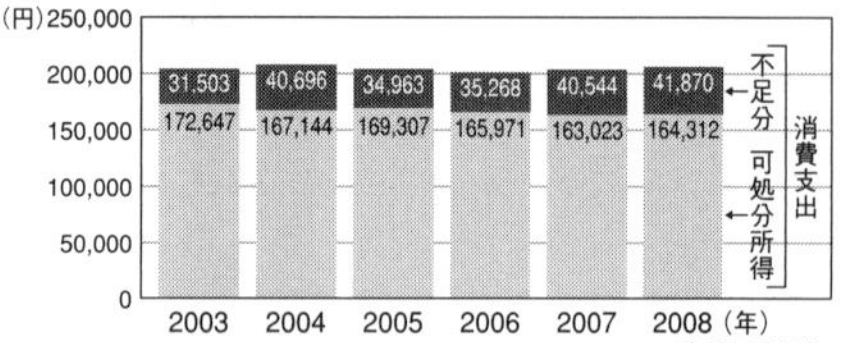

※高齢無職世帯。
総務省「家計調査」

世帯の1ヶ月の平均消費支出が20万6000円。これに対する可処分所得が16万4000円。毎月4万2000円の赤字だというのです。しかも、赤字は10年前の2万円と比べて倍増しているのです。同省は、赤字が増えた最大の理由は税金と社会保険料の増加だとしています。これらの金額が10年前には1万7000円だったのに対して、2008年には2万4000円と、4割ほど増えているのです

「このまま国をあてにして、当たり前のことをしていたのでは幸せにはなれない」

A氏がそう思ったのもムリはありません。

とはいえ、A氏は妻と子ども（男の子、5歳）との3人暮らし。ごくフツーのサラリーマンです。少なくとも子どもが大学を出て社会に巣立つまでは、無謀な冒険はできません。冒険をするには、妻の理解を得なければなりません。したがって、決行は30年後の65歳。そう考えたとたん、A氏はかえって気持ちがフッと軽くなるのを感じました。

「まだ、30年もあるんだ」

具体的なアイデアがあったわけではありません。でもそんなときにもA氏は自分にこう言い聞かせるのでした。

「まだ、30年もあるんだ」

30年間かけてじっくりとアイデアを練り、入念に準備をし、最後の20年（A氏は85歳までは生きられると確信している）で結実させればいい。

A氏は自分が35歳であることが、なにか特別な「資格」を持っているかのように感じてしまったのです。あるいは錯覚だったのかもしれません。でも、そう考えると、いま現在の生活自体までが、とても大切で愛おしいものに思えてくるのです。

全身が新鮮なエネルギーで満たされていく感覚を、久しぶりに感じることができました。

始めること

情報収集――「弱い紐帯」

「30年後に新しい生活を始める」と決めた翌日から、A氏は情報収集を始めました。新しい生活といっても、具体的にどのような方法があるのか、A氏にはまったくと言っていいほど、ビジョンがなかったのです。

時間を見つけては、親しい友人や職場の同僚と飲む機会を設け、「新しい生活」についてのアイデアを聞きまくりました。ところがその結果は「収穫ゼロ」でした。

答えは大きく分けてふたとおり。ひとつは「いまのことで手いっぱいで、そんな先のことまで、まだ考えられない」というもの。そしてもうひとつは「定年退職まで無事に勤めあげたら、年金をベースに、退職金と貯金を切り崩しながら、のんびりと暮らす」というものだったのです。そんな答えなら、あらためて聞くまでもないことです。

答えを見つけあぐねていたA氏でしたが、あるとき突然、大学時代に学んだ、「弱い紐《ちゅう》帯《たい》」の説を思い出しました。社会学者のマーク・グラノヴェターの説で、価値のある情報の伝達においては、家族や親友、同じ職場の同僚のような強いつながり「強い紐帯」よりも、ちょっとした知り合いや友人の友人といった弱いつながり「弱い紐帯」のほうが重要であるという、社会ネットワーク理論です。

グラノヴェターは、転職に成功した人の多くが「弱い紐帯」からの情報を元にしていたことから、この説を導き出したといわれています。親密なよく知っている人同士は同じような情報を共有することが多く、そこから新しい情報が得られる可能性は少なくなりがちですが、あまり親密ではない人は自分の知らない、価値の高い情報をもたらしてくれる可能性が高いのです。

「これだ！」

A氏はすぐに、「30年後に新しい生活を始める」というタイトルのブログを開始しました。もちろんすぐに画期的な情報が寄せられるようなことはありませんでした。でもだいじょうぶ。「まだ、30年もある」のです。

1年たち、2年が過ぎ、3年、4年と年を重ねるごとに、ブログの固定読者は増えていき、活発な議論が行なわれるようになっていきました。ときには「縁会」と称して、居酒屋などに集まって一杯やりながら、意見交換をすることもありました。

職業が違えば生活環境も過去の経験もまったく異なる人たちから飛び出すアイデアは、

◉弱い紐帯の強さ
マーク・S・グラノヴェターが1973年に『strength of weak ties』という論文で示した仮説。価値の高い情報の伝達やイノベーションにおいては、知人の知人のような弱いネットワークが重要であるという社会ネットワーク理論である。米国ホワイトカラーの転職活動調査から導き出されている。
日本語で読める著書に、『転職―ネットワークとキャリアの研究』(ミネルヴァ書房）がある。

A氏には思いもつかないものばかりでした。

「廃校を利用して、共同生活をするのはどうですか?」

そう切り出したのは現役の小学校教諭。赴任していた学校が生徒数の不足で廃校になったばかりだといいます。

「農業で食糧を自給するのであれば、専門家——農業のプロがメンバーにいたほうがいい」

「めんどうな金の計算や役所への届けも、プロにまかせれば手っ取り早い」

「イザというときのために僧侶も必要だ!(笑)」

「弱い紐帯」は四方八方へと広がりをみせ、次第に強力なネットワークとなっていきました。こうしてA氏の計画はだんだんと形を明らかにしていくのです。

みなさんはA氏のような考え方、生き方をどのように評価しますか? あくまでも荒唐無稽な夢物語だと笑いますか。それともじつに勇気のある行動だと讃えますか。

サンプル

それぞれの35歳

A氏の計画の進展報告はひとまずここまで。ここからは別の人のケースを紹介することにしましょう。

休日に夫婦が一緒にいる時間は？

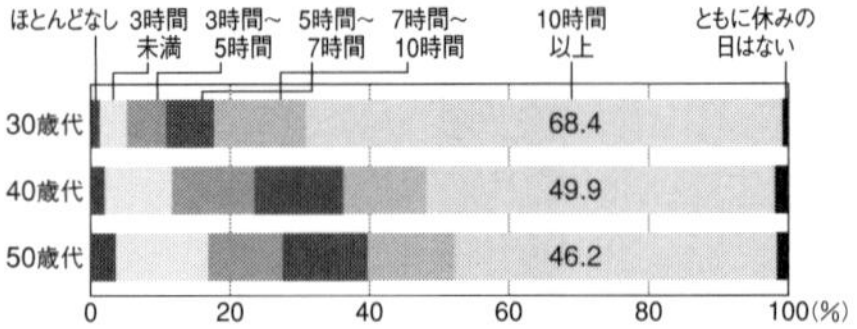

※男性の回答。
明治安田生活福祉研究所「30〜50歳代の夫婦に関する意識調査」2009

◉Bさん・「週末サーファー」のケース

Bさん（34歳）は奥さん（32歳）とのふたり暮らし。ふたりとも会社員の共働き家族です。夫婦の趣味はサーフィン。ふたりにとってサーフィンは単なる趣味というよりは生活のすべてと言っても過言ではありません。サーフィンを楽しむために仕事をしているようなものなのです。年間50回、ほとんどすべての週末を海で過ごしています。

そのために、サーフポイントのすぐ近くに別荘（古い一戸建て）を購入しました。30歳のときでした。そして、毎年1回は長期休暇を取り、いい波を追いかけてハワイのノースショアにまで出かけていきます。

職場の上司の理解も得ています。休日出勤を求められるようなことはありません。そのかわり、平日の残業はたとえ深夜まで及ぼうとも文句を言わずに行ないます。すべては週末のサーフィンのためにあるのです。

「先のことはあまり考えていない」とBさんは言います。子どもをつくる予定もなければ、老後のための貯蓄もしていません。それで不安になることはないのでしょうか。

「計画を立てたところで、そのとおりになるとは限らない」とも言います。

35年ローンを組んで住宅を購入したとたんにリストラにあい、せっかく手に入れた住宅を手放さなくてはならなくなった友人、ただひたすら〝仕事命〟で家族のこともかえりみずに仕事に心血を注ぎ込んだにもかかわらず、あっさりと会社が倒産してしまった友人、

10年を超える大恋愛の末に結婚したところが1年と持たずに離婚してしまった友人……。そんな不条理ともいえるできごとを見るたびに、「いま目の前にある波に乗ること」だけを考えるようになったのだというのです。そのような生き方をBさんは「無常観から生まれた刹那主義」と、なかば自嘲的に表現します。

まったく「夢」がないわけではないのです。まずはなにしろ、体力が続く限り波に乗り続けること。これが最大の夢です。おそらく定年退職までは「週末サーファー」の生活が続くのでしょう。

退職したあとは、いまの住まい（賃貸）を引き払って、海辺の別荘に移り住む予定です。「週末サーファー」が「毎日サーファー」に昇格するわけです。ふたりとも厚生年金に加入していますから、ぜいたくさえしなければお金のことで困ることはないはずです。

「年をとって波に乗れなくなったら、毎日、波の音を聞きながらサーフィンの小説を読んだり、海が舞台の映画をＤＶＤで観たりして過ごします」

◉Cさん・「青年海外協力隊」のケース

大学を卒業したCさんは、しばらくは普通のサラリーマンとしてメーカーに勤めていました。大学時代から関心のあった青年海外協力隊に参加したのは、サラリーマン生活の8年目、30歳を目前にしたとき。胸の中でモヤモヤとくすぶり続けている気持ちをどうして

◉青年海外協力隊

青年というよりは中年に近い35歳でも参加できる。むしろ経験が生きる可能性が高い。応募資格は20〜39歳までで、日本国籍を持つ心身ともに健康な者。健康診断が第一関門となる。

派遣期間は原則2年。分野は農業、工業、医療、教育分野が多いが、非常に多岐にわたる。たとえば経理、販売企画の経験・知識が求められる場合もあり、技術職でなくても受かる可能性はある。

もおさえきることができなくなり、「休職願い」を提出したところ、意外とあっさり受理されたのです。企業の社会貢献が叫ばれていたことも追い風になったようです。

Cさんが派遣されたのはアフリカ北東部にある某国。世界でも最貧国に数えられる国で、食糧事情や保健衛生環境が劣悪なため、半数以上の子どもが10歳の誕生日を迎えることができないといわれています。

ここでCさんが担当したのは、保健衛生に関する統計調査の補助。どこにどれくらいどんな病気の患者がいて、どれくらいの人が命を落としているのか、といった統計調査です。Cさんによれば「統計は国家の基礎」なのだそうです。国の正確な状態を把握できてはじめて、有効な政策が打ち立てられるという意味です。

派遣を終えて日本に戻ってきたCさんは、ある決意をします。それは会社を辞めることでした。会社を辞め、専門学校に通って看護師の資格を取り、ふたたびアフリカに渡りたいと考えたのです。32歳のときでした。なぜ、看護師なのでしょうか。

「統計調査も国にとっては重要な仕事。でも、幼くして命を落とす子どもたちの姿を見ていたら、もっと直接的に、彼ら、彼女たちの役に立ちたい」と思ったのです。

幸い、8年間のサラリーマン時代の貯蓄が800万円ほど。「こんなことになるんじゃないかと思っていた」と言います。これならなんとか学費と生活費を捻出できそうです。

では、次の派遣が終わって日本に帰ってきたらどうするつもりなのでしょうか。

「まったくの白紙です」

Cさんの頭の中は、資格を取ることと、それを生かしてアフリカの子どもたちの役に立つこと、それだけしかないようです。

◉Dさん・「作家志望」のケース

中堅商社に勤務するDさんが小説を書き始めたのは34歳のときでした。それまでも読むことは大好きで、月に数十冊のペースで読みまくっていたといいます。それがどうして「書くほう」を目指すことになったのか。ひと言で言えば、「30代半ばを迎えて機が熟した」のです。だんだんと自分の書きたいものがかたまってきたし、それなりの人生経験もしてきた。残された時間を考えるとそろそろ書き始める時期だと思ったのです。

Dさんの家には納戸として使っている4畳半ほどのスペースがありました。置かれているのは、この数年ほとんど手を触れることがなかったようなものばかり。思い切って始末してしまうことにしました。そしてエアコンを取り付け、ライティングデスクを置き、思い切ってアーロンチェアを買ってしまうと、立派な書斎の完成です。

小説家を目指すのにあたって奥さんが提示した条件はふたつだけ。「仕事に差し支えないようにすること」と「健康に気をつけること」です。思わず涙が出てきます。

小説を書き始めたからといって、Dさんの生活が大きくかわるようなことはありません

休日以外の日の自由時間とストレスの関係

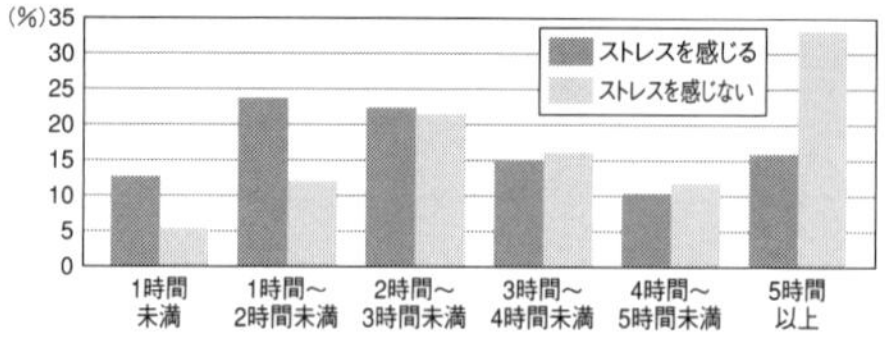

内閣府「国民生活白書」2008

でした。

食事は家族でそろってとっていますし、子どもの勉強をみてあげることも忘れません。Dさんが執筆するのは、だいたい家族が寝静まったあとか、家族が起き出す前の1時間ほど。Dさんは1日の執筆量を400字詰め原稿用紙1枚と決めていたのです。これでしたら、往復の通勤時間を利用してアイデアを練り、寝る前か起きたあとに原稿にまとめればいいのです。どうしても書けなかった日のぶんは土日を利用する。これだけでも、1年間で原稿用紙350枚くらいの長編小説になります。まずはここからスタートしてみることにしたのです。

Dさんの目標は「死ぬまでに長編小説を10編、書き上げること」だそうです。自信を持って世に問えると思えるような作品が書き上げられたら、小説雑誌の新人賞に応募してみようかとも思っています。プロになりたいかどうかは、まだ自分でもはっきりとはわからないといいます。

ひとつ、はっきりしているのは、プロになろうとなれまいと、同じペースで書き続けていくこと。もちろん、プロになって著書が売れるようになれば、量産しなければならないかもしれません。それはそのときに考えればいいこと。いまはとにかく「1年に1作品」を目標に書き続けることだけを考えています。

3つのケースをみて、みなさんはどのように感じ、どのような意見をお持ちになったでしょう。人生のもっとも重要な時期に「好きなこと」ばかりしているのは大人としておかしい、きっと将来、『アリとキリギリス』のキリギリスのように苦労するに決まっている、でしょうか。

でもちょっと待ってください。彼らがいま「やりたいこと」をやらないでいたとしたら、つまり、Bさんが好きなサーフィンをやらずに、Cさんが青年海外協力隊への参加をあきらめ、Dさんが小説家への道を断ち切ったとしたら、充実した生活が約束されるのでしょうか。安定した幸せな老後が保証されるのでしょうか。

いま「好きなこと」や「やりたいこと」をするのは、決して充実した生活を放棄するわけでもなければ、幸せな老後を否定することでもありません。そして、「やりたいこと」、「好きなこと」が幸福な老後を呼び寄せてくれる可能性だってあるのです。

それに、仮にいま「好きなこと」や「やりたいこと」をしていようといまいと、その生活が永遠の保証を得ていないことも、忘れてはならないことです。週末サーファーのBさんがいうように、世の中には不条理なことがたくさんあります。会社の倒産、突然のリストラ、愛する人の死、本人の重病、そして大地震などの天災。まさに一寸先は闇。そこらじゅうで落とし穴が待ちかまえているのです。むしろ、そうしたピンチを「転機」ととらえるくらいのポジティブな思考が必要なのかもしれません。そのためにも、自分は「なにが好きなのか」、「なにがやりたいのか」を考え、問い続けることは大切です。

将来、核家族は「ぜいたく」に？

ところでA氏のユートピアはどうなっているでしょうか。もう一度、2040年に飛んでみましょう。A氏は65歳になっています――。

ある日、最年長のK氏（70歳）から次のような申し出がありました。

「ここに娘夫婦と孫たち家族を呼び寄せるというのは無理な相談でしょうねえ？」

じつはA氏、計画を練り始めた当初から、「いつかは……」と、K氏と同じことを考えていたのでした。すなわち、祖父母、父母、子どもの3世代が同一敷地内で暮らすコミュニティーの構築です。

いくつもの理由がありました。

まず、純粋にそのほうが楽しいこと。祖父母にとって孫たちは、たとえ血縁関係になくても、十分にかわいいものです。孫たちにとっても、自分たちのことをかわいがってくれる高齢者の存在はうれしいはず。幼い頃の冒険話や魑魅魍魎が闊歩する昔話を聞かせてもらうのも楽しみです。

父母にとっても祖父母たちの存在はありがたいものです。（この土地で仕事が見つかれ

年齢階級別にみた健康状態

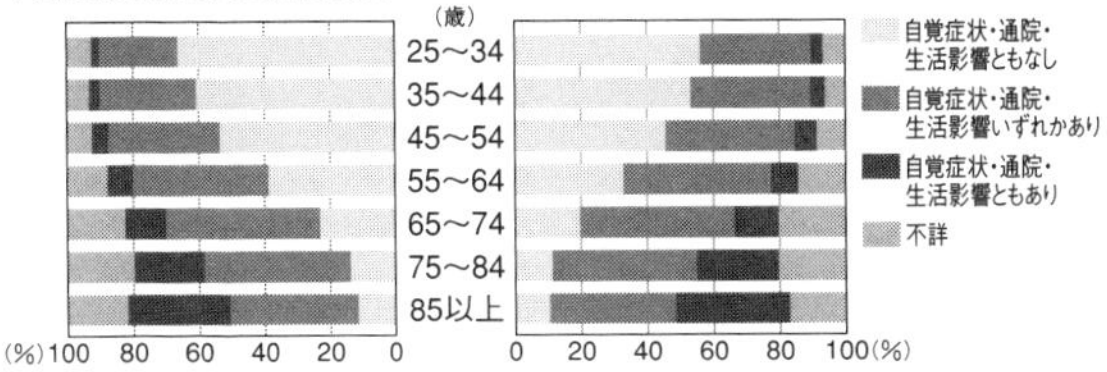

厚生労働省「国民生活基礎調査」2007

ばの話ですが）共働きをしようと思えば、安心して子どもたちをまかせることができますからね。

コミュニティが大きくなれば、介護の問題も自然と解決するかもしれません。

じつは、高齢化と介護の問題は、ユートピア計画を実行するうえで、最大の難関だったのです。正直な話、「そのときになったらみんなで助け合えばなんとかなるだろう」ぐらいにしか、考えがまとまっていませんでした。

それでもA氏は介護についていろいろと勉強したのです。

ひとつの結論は、現在のような核家族が中心の社会では、いずれ介護問題は行き詰まるということです。

在宅介護はとても能率が悪いため、いまの日本の人口構造的には維持が不可能なのです。たとえば入浴サービスです。今日のように入浴サービスの自動車にヘルパーが同乗して各家庭をまわる場合、1日に5～6件が限度。これが施設介護であれば、ひとりにつき20～30分もあればなんとかなるでしょう。食事の介助も同じことです。

このことが、A氏が、おおぜいの高齢者がひとつの施設内で生活できるユートピアをつくろうと考えた理由のひとつでもありました。

A氏にとっても切実な問題だったのです。やがては子どもも独立し、A氏は奥さんとふたりだけの生活になるでしょう。順番からいえばA氏が先に要介護状態になり、奥さんが

高齢夫婦世帯・高齢単身者世帯数の推移

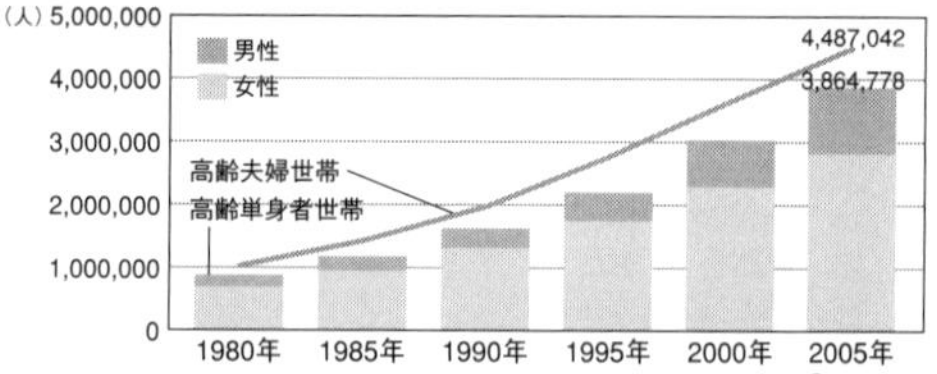

総務省「国勢調査」

世話をすることになる。では、A氏が先に逝ってしまったあと、いったい誰が奥さんのめんどうをみるのでしょうか。そのころ、子どもは子どもで忙しく暮らしているかもしれません。そう考えるたびに「昔のような大家族のほうがよかったのではないか」と思わずにはいられませんでした。

これは決してA氏だけの問題ではないはずです。

みなさんのところはどうですか？

お父さんやお母さんは健在ですか。介護が必要になったときにはどのようにするのか、すでに考えて、話し合って決めてありますか。あるいは、みなさん自身が高齢者になり、要介護状態になったときにはどうするつもりですか？ 手厚い介護を受けようと思ったら、自費でヘルパーを雇わなければなりません。そのための費用は、すでにライフプランに組み込まれてありますか？

「核家族」というライフスタイルはいろいろな意味で合理的ではないのです。

大家族であれば、たとえば女性の働き手がふたりいるわけですから、片方が炊事をしている間に片方が洗濯や掃除をできる。稼ぎ手もふたりいるわけですから、たとえば片方がリストラにあったとしても、すぐに生活が立ちゆかなくなるようなことはありません。

それに、人数が多ければ多いほど、「規模の経済」の原則が働き、家計はラクになります。A氏のユートピアの食費が月額2万円ですんでいるのは、食材を自給しているからだけではありません。「規模の経済」の原則が働いているからです。

もしかしたら私たちが高齢者になる30年後、核家族は「ぜいたくな生き方」として羨望の眼差し（あるいはさげすみの目）で見られるようになっているのかもしれません。

――結局、A氏はK氏の申し出に快く賛同し、若い世帯向けに部屋の改築に取りかかることにしました。聞き取り調査をしたところ、K氏のように子ども家族などとの同居を希望しているメンバーは、予想以上に多かったのです。それに、インターネットを通じて問い合わせをしてくる人の中にも、若い人がとても多いのです。

世代や血縁を越えたコミュニティは、A氏の理想です。今後の日本を救う唯一の処方箋ではないかとまで考えています。だから、ブログの書き込みをみるたびに、「みんなも自分で動き出せばいいのに」と思うのです。

A氏のような大規模なコミュニティとなると、そうそう簡単には実現しません。でも、たとえばひとつの団地の中で2～3世帯がひとつのユニットを構成して生活する、というスタイルであれば、それほど高いハードルではないでしょう。

幸いにして、日本では住宅はあまり気味の傾向。今後、価格は下がり続けるといわれています。

いまの時代に夢を持つということ

２００９年９月。長きにわたった自民党政権が終わりを迎え、民主党を中心とする新政権が発足しました。これによって世の中はどのようにかわっていくのでしょうか。大幅な公共工事の削減をマニュフェストに掲げていますから、ムダがはぶかれて財政状態は少しはよくなるのでしょうか。その一方で「子育て支援」と称して子どもひとりについて毎月2万６０００円を支給するという施策も約束しています。財源は大丈夫なのでしょうか。また国の借金が増えるだけというようなことだけは避けてもらいたいものです。

大切なことは、そんな中で、私たちはどうしたらいいのか、です。

ふたつだけ、はっきりとしていることがあります。

ひとつは、世界も日本も、社会は大きくかわろうとしているということです。とても不安定な時代です。その振れ幅はとてつもなく大きく、かわる速度もこれまでとは比べものにならないほど、早くなっています。海の向こうで起こった住宅ローンの焦げ付き問題が、あっという間に日本にまで飛び火しました。昨日の常識は今日の非常識なのです。

もうひとつは、社会が変わろうとしているのだから、私たちも以前と同じ考え方のままでは立ちゆかなくなる、ということです。安定を求めているから、いつまでも同じ場所にしがみつこうとしているから、息苦しくなるのです。

終身雇用制度も年功序列の賃金体系も、すでに制度疲労を起こしています。いまの時代にはそぐわないのです。にもかかわらず、安穏として会社に頼ろうとしている。だから、思いもよらないときに首を切られて途方に暮れてしまうのです。

核家族が決して幸福に直結してはいないことも、もうみなさんはわかっているはずです。時代も社会も制度もかわろうとしているのです。

では、どうしたらいいのでしょうか。

たとえば夢を持つこと。

夢は希望を呼び起こし、希望は歩き出す力にかわります。歩いている人間は立ち止まっている人間よりも、はるかに安定性があって転びにくいのです。

私たちは、とても不安定な時代に、もっとも不安定な年齢を迎えようとしています。でも、不安定だということは、必ずしも悪い結末が待っているということではありません。いいほうに転ぶこともあるわけです。そのことを信じましょう。そのために備えましょう。

信じて歩き続ける人こそが幸せに近づく。そのことは間違いないはずです。

人生戦略会議
20〜40代の男女、11名の構成員からなる「人生設計」を考える会。なんだかんだいいながら、平和と繁栄を謳歌している日本という国で、なぜ不安が渦巻き、希望が失われているように感じてしまうのか。そんな世間の空気に異和を感じつつ、「ふつうの幸せ」を手に入れるために必要なことを、日夜、調査、研究、議論し続けている。著書に『新版28歳からのリアル』『新版28歳からのリアル［マネー編］』『図解28歳からのリアル』『人生は「引き算」でうまくいく』『30歳へのスピード戦略』『ザ・階級偏差値』、共著に『まずはフツーをきわめなさい』『パチンコ屋に学ぶ経済学』がある。

35歳からのリアル

2009年10月26日 第1版第1刷発行　定価（本体1400円＋税）
2010年 3 月 2 日　　　第7刷発行

［著　者］人生戦略会議
［発行者］玉越直人
［発行所］WAVE出版
〒102-0074
東京都千代田区九段南4-7-10 九段藤山ビル 4F
TEL 03-3261-3713
FAX 03-3261-3823
振替 00100-7-366376
E-mail : info@wave-publishers.co.jp
http://www.wave-publishers.co.jp

［印刷・製本］萩原印刷

ISBN 978-4-87290-437-6